독서가 행복한 회사

이 책은 '방일영문화재단'의 지원으로 저술 · 출판되었습니다.

1인당 책값 100만원

독서가
해복한 회사

고두현 지음

21세기북스

독서경영은 성공 기업의 '아이디어 엔진'!

"책값이 얼마든 회사 돈으로 다 사라!"

"독후감? 그런 거 필요없다. 자기가 좋아하는 책 입맛대로 골라 읽고 숙제 부담 없이 마음껏 즐겨라!"

"책에서 얻은 지혜 어디 가나? 모두 피가 되고 살이 되는 영혼의 비타민이다!"

"1인 책값 연간 100만 원, 1인 매출 연간 10억 원, 순익 업계 평균의 3배!"

이 책은 외환위기 때 자본잠식 상태까지 갔다가 독창적인 '독서경영'으로 2년 만에 흑자로 전환, 영업신장률 1위 신화를 일궈낸 '이메이션코리아'의 이야기다. CD-R과 컴퓨터 디스켓, 디지털카메라 메모리카드 등 정보저장 장치를 공급하는 이메이션의 독서경영은 매우 독특할 뿐 아니라 놀라운 성과를 일구어냄으로써 크게 주목받았다. 창립 1년 만에 IMF 사태를 맞아 존립 기반이 흔들리는 상황에서 전직원에게 아무런 조건 없이 원하는 책을 마음껏 사다가 보라고 권했는데, 모든 책값을 회사 돈으로 지급했다. 강제성도 없었고 리포트 제출 같은 의무도 없었다. 단지 책 속에 불황 극복의 지혜가 들어 있다는 믿음과 힘들 때일수록 창의적인 아이디어가 필요하다고 판단해 그런 결정을 내린 것이다.

이 회사가 직원들에게 지급하는 책값은 연간 2500여만 원이라고 한다. 현재 직원이 24명이니, 1인당 100만 원이 넘는 액수다. 특히 마케팅 담당자는 다른 직원들보다 더 많은 책을 사 읽었다고 한다. 이런 노력이 판매실적 급상승으로 이어진 건 당연한 일이다. 모든 직원이 책 속에서 '위기를 기회로 바꾸는 방법'들을 찾았고, 애사심은 물론 서로에게 성취동기를 부여하는 '윈윈 전략'까지 체득했다. 그 결과 2년 만에 흑자를 기록, 5년 만에 전세계 60개 법인 중 영업신장률 1위라는 '기적'을 만들었다.

이메이션코리아의 이장우 대표는 1년에 200권~300권의 책을 읽으며 독서경영과 문화경영, 감성경영, 창의력경영 등을 몸으로 실천하는 사람이다. 대학 졸업 후 한국3M에서 수세미 세일즈부터 시작한 그가 포스트잇, 컴퓨터 디스켓 영업 등을 거치면서 글로벌 기업의 장수 CEO(현재 11년째 대표이사로 재직)로 승승장구할 수 있었던 비결도 바로 '독서의 힘'이다. 그는 경영학 박사학위에 이어 공연예술 박사학위를 받고 최근 디자인대학원 박사 과정에 또 입학, 디자인 마케팅과 순수다자인 공부에 열중하고 있다. 직원들도 MBA(경영학 석사 과정)나 특화교육 등 '책 읽기'와 '공부'에 있어서 누구보다 열심이다. 이들이 독서와 경영의 씨줄, 날줄을 어떻게 엮어가면서 새로운 가치를 창출하고 기업문화를 바꿨는지 구체적으로 보여주는 게 바로 이 책이다.

경제신문 문화부 기자로 오랫동안 '책'을 담당해 온 필자는 '독서'와 '경영', '문화'와 '경제'의 접점에서 꽃 피운 이들의 '아름다운 열정'을 보면서 우리 사회의 새로운 희망을 발견할 수 있었다. 책에 소개된 내용은 대부분 실화다. 그러나 '독서경영'을 좀더 친숙하게 받아들이는 사람들이 많아지기를 바라는 염원으로 '읽는 재미'를 위해 몇몇 군데 살을 붙이고 픽션을 가미했다. 신문이나 잡지에 연재한 게 아니어서 탈그까지 많은 시간이 걸렸는데, 재주 없는 필자를 믿고 진득하게 기다려준 21세기북스 식구들에게 감사드린다. 특히 이야기를 맛깔나게 살려준 강지석 씨의 뜨거운 열정에도 감사의 마음을 전한다. 눈코 뜰 새 없이 바쁜 중에서도 헌신적으로 협조해 준 이메이션코리아 임직원에게도 고마운 마음을 전한다.

아무쪼록 이 책이 독서경영을 시작하려는 기업들에 실질적인 길잡이가 되고, 우리 사회 전체의 독서운동에도 신선한 활력제가 되기를 바란다.

2006년 12월

고 두 현

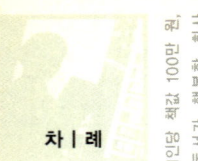

머리말 l 독서경영은 성공 기업의 '아이디어 엔진'!

1부 책은 우리의 멘토

2부 독서 문화의 모범, 이메이션

1부

책은 우리의
멘토

독서경영 10계명

1
잘생긴 나무를 택하라

자신에게 꼭 필요한 책을 선택하라! 해당 분야에서 가장 좋은 책을 고르는 것은 자신의 안목을 높이는 훈련의 출발점이자 성공적인 독서경영을 위한 첫 번째 덕목이다. 잡목 사이에서 잘생긴 나무를 택하 듯, 뛰어난 저작을 골라 필독서 목록을 만들고 단 계별로 한 권씩 정독하라. 이메이션코리아의 이장 우 대표는 마케팅 초년병 시절에 좋은 책을 접함으 로써 생명수와 같은 도움을 받았다.

이메이션, 벼랑 끝에 서다

초년 CEO의 신고식

'지금 바로 한국 시장에서 빠져나오라Get out of Korea. Right Now!'

　이장우 대표는 신문을 덮고 자리에서 일어나 창밖을 주시했다.

　홍콩페레그린증권이 전세계에 뿌린 보고서의 결론은 절망 그 자체였다. 미국계 〈블룸버그Bloomberg〉 통신도 '한국의 가용 외환보유고는 20억 달러뿐'이라며 코리아 엑소더스를 종용했다. 세계 주요 언론 역시 〈블룸버그〉 통신을 인용하며 한국의 경제위기를 대대적으로 보도하기 시작했다.

　"나라가 부도날 것 같습니다. 이대로 가다가는 우리 회사도 오래 못 버팁니다."

긴급 소집된 임원진의 반응과 태도는 매우 회의적이었다. 창업 1년 만의 일이었다. 이익잉여금이 난 것도 아니었고, 팀워크나 경영 노하우가 쌓인 상황도 아니었다. 초년 CEO의 신고식치고는 혹독하기 그지없었다.

이메이션코리아의 창립 사장을 맡은 이대표는 사십대 초반이라는 나이에 외국의 전문가들을 제치고 글로벌 기업의 야전사령관이 된, 소위 말해 '독종'이다. 그는 이메이션코리아에 사장으로 부임하기 2년 전, 미국 이메이션 본사로 '구체적인 계획과 신념을 갖고 있으니 반드시 초대 사장으로 뽑아달라' 는 내용의 이메일을 보냈다. 본사는 그에게 장시간의 전화 인터뷰를 요청했다. 결국 4직급을 뛰어넘는 파격적인 인사가 단행되었고, 비전과 가능성만으로 이메이션코리아의 수장이 된 그는 CEO라는 꿈을 이루었다.

이대표는 책장에 꽂힌 책들을 손가락으로 훑다 사무실 쪽을 돌아보았다. 그의 머릿속에 미국 구조조정 전문가 앨 던랩Al Dunlap 이 떠올랐다. 던랩은 철저한 비용절감으로 부도위기에 몰린 기업들을 수도 없이 회생시킨 주인공이다. 그러나 그는 직원 수를 너무 줄여 '전기톱' 이라는 별명을 얻기도 했다. 이대표는 던랩의 무자비한 방식이 아무래도 마음에 걸렸다. 그리고 GE의 잭 웰치Jack Welch를 떠올렸다. 그 역시 '중성자탄 잭'으로 불릴 정도로 대량 해고와 비핵심 사업 처분으로 악명이 높았다. 하지만 300여 개의 방만한 사업 부문을 10여 개의 핵심 사업과 미래성장 사업으로 재편하고 여기에 과감히 투자하는 '선택과 집중 전략으로 GE를 미국 최고의 기업으로 만들었다.

"기업이 살아남고 중장기적으로 경쟁력을 확보하려면 단기적인 비용 절감뿐 아니라 미래 수익을 창출할 잠재력 키우기에 전사가 적극 나서야 합니다."

이근수 차장은 임원회의 후에 가진 실무자회의 때 부서 규모의 축소와 인원 감축을 제안했다.

"물론 줄이는 것만이 능사가 아니라는 거 잘 압니다. 하지만 이 모든 것은 단순한 비용 측면에서의 축소일 뿐입니다. 더욱 중요한 것은 지속적인 성장과 숫자로 확인할 수 있는 매출 아니겠습니까?"

맞은편에 앉아 있던 박진욱 과장은 묵묵히 이차장을 응시했다.

"박과장 생각은 어때?"

"글쎄요. 다만 한 가지. 나라 경제가 결딴날 판에 수요가 줄면 줄었지 더 이상 늘어날 리 없지 않겠습니까."

"그래서?"

"그러니까, 중요 품목의 가격을 대폭 인상해 보자는 것이지요. 보기에 따라서는 섶을 지고 불로 뛰어드는 짓일 수도 있습니다만……."

"그렇지. 얼마 전에 본사 국제담당 책임자 웽크 사장에게 내가 그렇게 얘기했더니 무리하지 말라고 설득하더군. 미국식 경영의 핵심은 최종 실적만 보고 평가를 내린다는 데 있어. 외부 환경이 어떻든 간에 실적이 부진하면 그 책임은 한국팀이 떠안을 수밖에 없지. 어떠한 조건에서도 계량적인 목표를 제대로 달성할 수 있어야 한다네."

다음날 이대표는 사장실의 크기를 절반으로 축소했다. 회의실을 없애고 사무실의 규모도 줄였다. 접대비를 포함한 비용도 예외일 수 없었다. 직원들의 표정이 금세 무거워지고, 회사 분위기는 순식간에 착가라앉았다. 그러나 주변 정황은 좀처럼 호전될 기미가 없었다. 외국계 기관들은 연일 '한국을 탈출하라'는 경고를 연발했으며, 주가는 어느새 500선 아래로 곤두박질쳤다. 국가부도 상황에서의 살인적인 불황과 걷잡을 수 없이 치솟는 환율 때문에 이메이션코리아의 부채비율은 450%로 늘었고, 적자 규모는 29억 원까지 치달았다. 우려하던 자본잠식 상태는 현실이 되어 나타났다.

이런 상황이 전개되자 이대표는 충무로 극동빌딩에 있는 전시실을 정리하기로 결정했다. 이제 줄일 수 있는 것은 직원 숫자뿐이었다.

수세미 세일즈맨의 좌충우돌 전략

책장 앞을 서성이던 이대표는 자리에 앉아 1998년 계획을 메모해 둔 다이어리를 펼쳤다. 큰 줄기는 얼추 잡아놓았지만 무언가 허전하고 마뜩찮은 게 사실이었다. 실제로 대외 환경이 불투명하다보니 구체적인 전략을 확정짓기가 쉽지 않았다.

퇴근시간은 벌써 지난 지 오래였는데, 반쯤 열린 문으로 직원들 셋이 보였다.

'회사가 어려워도 퇴근은 제 시간에 하라고 그렇게 얘기했건만…….'

이메이션의 출·퇴근 시간은 '8·5제'다. 아침 8시 출근, 오후 5시 퇴근. 일찍 퇴근하고 일찍 출근해서 남보다 맑은 두뇌로 시장을 개척하자는 것이 회사의 지침이었다. 이대표는 사장실을 나서려다 걸음을 멈추고 중얼거렸다.

"허긴 사장이 퇴근 안 하고 궁상을 떨고 있으니……."

문을 연 그는 과장된 목소리로 농담을 던졌다.

"어이, 다들 오늘 무슨 일 있어?"

그러자 마케팅팀 최대리와 신입사원 이신우가 동시에 대답했다.

"아뇨. 별 약속은 없는데요."

박진욱 과장이 재킷을 걸쳐 입으며 말을 이었다.

"막 퇴근하려던 참입니다. 그런데 사장님이야말로 퇴근 안 하시고 웬일이세요?"

"생각할 게 좀 있어서. 별 일 없으면 맥주나 한 잔 하고 갈까?"

"좋죠. 그렇잖아도 어중간했는데."

"오케이. 나가자고."

크리스마스가 다가왔지만 캐럴은 들리지 않았다. 분위기 탓인지 사람들의 낯빛은 유난히 어두워보였고, 도시 풍경은 안개 속의 실루엣처럼 흐릿하게 움직이고 있었다.

네 사람은 회사 근처의 호프집으로 몰려 들어가 홀 구석에 자리를 잡고 앉았다. 침묵이 흘렀다. 다들 눈을 마주치치 못한 채 엉뚱한 곳에다 의미 없는 눈길만 던지고 있었다. 침체된 분위기를 반전시켜 줄 무언가가 필요한 순간이었다. 그때였다.

"사장님도 세일즈부터 시작하셨다면서요?"

최대리가 생맥주와 골뱅이무침을 시키자, 이대표 옆에 앉은 신참 이신우가 머리를 긁적이며 물었다. 좌중의 시선이 갑자기 그에게로 집중되었다.

"세일즈라기보다는……. 노가다나 다름없었지."

그는 처음 3M에 입사해 수세미 영업하던 때를 떠올려보았다. 그러자 당시에 팔았던 수세미 이름까지 생생하게 기억났다. 다목적용은 AL345, AL173. 유리 전용은 WL345……. 1982년 초였다. 3M은 일반에 잘 알려져 있지도 않았거니와 '수세미는 어차피 쓰다 버리는 건데 굳이 비쌀 필요가 있나?' 하는 생각이 지배적이던 시절이었다. 더군다나 유리그릇을 쓰는 집도 많지 않았다. 그런데 수세미 가격은 경쟁사보다 여섯 배나 높았다.

"그땐 3M을 3미터라고 읽는 친구들이 태반이었어. 그런 상황에서 인천으로 수세미 세일즈를 나섰는데 막막하더군. 그래서 우선 인천 전역을 지역별로 나눠서 한 군데씩 공략했지. 이른바 '란체스터 전략'이라고 남구 주택가부터 순차적으로 점령하기로 계획한 거지. 또 한 가지는 '샘플 전략'이었는데, 품질 만큼은 자신 있었기 때문에 주부들에게 샘플을 듬뿍 뿌려서 '써보니 좋더라'는 입소문을 내게 한 거야."

"그게 잘 먹히던가요?"

"물론이지. 그것만이 아니야. 기본 전략은 그대로 밀고 나가고, 고객을 일 대 일로 만날 때는 인간적으로 호소하는 방법을 썼지. 아줌마를 만나건 자식 칭찬하면서 '신입사원인데 한 번만 도와달라'는 식으로 말이야. 그때만 해도 정이 있는 시절이어서 그런 호소가 어느 정도는 통했거든."

종업원이 맥주와 안주를 테이블에 내려놓았다. 이대표는 일단 목을 좀 축여야겠다면서 가져온 맥주를 한 모금 들이켰다.

"그때 성과가 예상보다 좋아서 다소 우쭐한 기분도 들었지. 한 달 사이에 신규 거래처를 40~50군데나 개발했거든. 대리점 없이 나 홀로 영업으로 3개월 만에 수세미 3만 장 판매 기록을 세웠는데, 신입사원의 승부욕을 높이 샀는지, 10월이 되자 회사에서 이젠 서울 강남을 공략해 코라고 하더군. 당시 서울에는 한양유통(현 한화), 뉴코아, 농심 등과 같은 대형 유통업체들이 시장을 꽉 잡고 있었어. 이들 대형 유통점의 납품을 따내야 상품을 진열하고 팔 수 있었는데, 처음엔 어디 그걸 알았나. 인천 경우만 생각하고 무작정 찾아갔다가 보기 좋게 나자빠졌지."

"그래서 어떻게 하셨어요?"

"끝까지 물건을 안 받아준 곳이 아마도 한양유통이었을 거야. 나중엔 약이 올라서 '포위 전략'이라는 걸 썼지. 다른 유통망은 다 따내고 한양유통만 고립시킨다는 전략이었다네. 결국 한양유통 진출에도 성공은 했지만 당시 그쪽 담당자와 신경전 벌인 걸 생각하면 지금도 머리가 지끈지끈해."

그는 정말이지 죽기 살기로 뛰었다. 수세미 한 장을 더 못 팔면 목숨을 내놓겠다는 각오로 달려들었다. 전날보다 더 많은 고객을 방문하려고 발이 닳도록 뛰어다니다보니 입에서 단내가 다 날 정도였다. 고객 방문 건수와 매출이 직결되는 것이 세일즈다. 그리고 그렇게 하지 않으면 의미가 없는 것이 또한 세일즈였다. 때문에 한 달에 한 번은 반드시 지방출장을 갔다. 언젠가는 밤늦게까지 고객과 상담을 하고 올라오다 자동차 사고로 죽을 뻔한 적도 있었다. 졸음운전 탓이었다. 아차, 하는 순간 그의 차는 논두렁으로 곤두박질쳤고, 그는 무언가 제대로 이뤄보지도 못한 채 하나뿐인 목숨을 잃을 뻔했다. 잠시였으나, '이렇게 목숨까지 걸고 할 필요가 있을까?'라는 회의감이 밀려들었다.

"포스트잇 얘기도 좀 들려주시죠. 지금의 사장님을 보면 그런 기질이 도대체 어디서 나왔는지 모르겠지만 선배들 말로는 '전설'이라던데요."

박과장이 빈 잔에 맥주를 채우며 물었다.

"전설은 무슨……."

포스트잇은 우연의 산물이었다. 새로운 접착제를 만들어보려고 시도했다가 실패하는 바람에 빛을 보게 된 것인데, 실패가 새로운 제품의 소스가 된 최초의 사례이기도 하다. 물론 출시하자마자 히트 상품이 된 것은 아니다. 판매가 부진하자 브랜드 이름을 바꿔야 하지 않겠느냐는 얘기가 본사인 미국 3M에서 나왔을 정도니까. 하지만 판매 부진의 이유가 과연 이름 때문이었을까?

한국에서의 포스트잇 판매는 대리점을 두는 일로부터 시작되었다. 기존의 우통망에만 의존하지 말고 판로를 다각화하자는 의도였다.

"포스트잇도 수세미처럼 샘플을 마구 뿌렸지. 첫 타깃은 여의도나 코엑스 같은 사무실 밀집 지역이었어. 그 다음엔 학교 앞에 진을 쳤고. 샘플을 수만 개 이상 나눠줬지. 써보면 알 거라는 자신감 때문이었는데, 아 글쎄 이게 보란 듯이 성공했지 뭔가."

그 다음 채택한 전략은 국산화였다.

사실 이대표가 '경험 마케팅'의 중요성을 실감한 건 이때부터다. 경쟁제품보다 가격이 비쌀 경우에는 반드시 써보게 하는 전략이 유리하다는 사실을 이미 몸으로 배워 알고 있던 그였다. 그는 샘플 전략이 어느 정도 자리를 잡자 여러 가지 색상과 다양한 사이즈의 제품을 출시하도록 회사에 요청했다. 까다로운 소비자들의 입맛에 맞는 제품을 미리 만들어 제공하자는 취지였다. 일본 3M이 자기들 실정에 맞는 제품을 잘 만들어낸다는 것에서 착안한 제안이었다.

"이후에는 어떤 일을 하셨어요?"

"거기까진 그런대로 할 만했어. 그러다 몇 년 뒤 컴퓨터 디스켓 영업을 맡았는데, 그땐 그야말로 죽을 맛이었지. 그때가 1984년이었을 거야. 디스켓 시장에서는 SKC와 금성 같은 경쟁사가 있었는데, SKC의 시장 점유율이 90%에 달했고 나머지 10%의 시장을 금성과 우리가 나눠먹는 상황이었어. 한 업체의 파워가 그 정도로 세면 시장 키우기가 얼마나 어려운지 잘 알잖은가?"

그런 상황에서 고심 끝에 생각해 낸 것이 바로 '세분화 전략'이다. 디스켓 시장을 학생용, 사무용, 전산용으로 나누고 과감하게 고가 시장에 타깃을 맞추자는 전략이었다.

"수세미 팔던 때처럼 죽어라고 뛰어다녔지. 그런데 1985년의 디스켓 판매 목표량은 100만 장이었는데, 27만 장밖에 못 팔았지 뭔가. 밤에 잠이 안 오더군. 하루하루가 바늘방석이더라고."

두 번째 잔을 비운 이대표는 신참 이신우의 빈 잔을 채워주었다.

"자네 같으면 어떻게 하겠나?"

"그, 글쎄요. 샘플 전략?"

이신우는 골뱅이무침을 급히 삼키며 말을 더듬거렸다. 그러자 최대리가 대답했다.

"그 분야의 베테랑한테 찾아가 노하우를 배워야죠."

"물론 그렇지. 그런데 멘토(조언자)가 어디 흔한가. 바로 그때 내가 만난 멘토는 다름 아닌 책이었네."

스스로 길을 찾는 공부

이대표가 신출내기 영업사원 시절에 제일 먼저 접한 책은 당시 대학교재로 쓰이던 《마케팅 원론》이다. 영문학도였던 그가 처음으로 세일즈를 하면서 무언가 도움이 될 만한 책이 없을까 고민하다 집어든 것이었다. 당시에 그는 솔직히 그 책을 제대로 이해할 수 없었다. 그렇다고 마냥 손 놓고 있을 수도 없는 노릇. 하루하루가 마케팅인데 마케팅을 모르고 어떻게 성공할 수 있겠는가?

이대표가 필립 코틀러의 《마케팅 관리론Marketing Management》과 《마케팅 원리Principles of Marketing》를 발견한 것은 그 즈음이었다. 이 책들을 읽고 나서 마케팅에 대하여 개략적으로나마 이해할 수 있었다. 그는 마케팅의 세계 안으로 조금 더 깊숙이 들어가보고 싶었고, 그때 발견한 책이 테오도르 레비트의 《마케팅 상상력The Marketing Imagination》이었다. 그는 이 책을 통해 '제품은 단순히 물질적인 것이 아니며, 서비스까지도 포함한 개념'이라는 사실을 깨닫게 되었다.

"디스켓 세일즈로 고민하던 시기에 결정적으로 도움이 된 책이……. 앨 리스와 잭 트라우트가 쓴 《마케팅 포지셔닝Positioning : The

멘토북 돋보기

마케팅 관리론 Marketing Management
필립 코틀러 지음 | 윤훈현 옮김 | 석정출판사

이 책은 마케팅 철학의 변화에 따른 복합적인 개념을 통시적으로 제시해 주는 대학교재 겸 이론서다. 특히 2006년 8월에 출간된 12판에서는 마케팅 생산성 측정, 소비자 의사결정 이론 등이 새롭게 추가되었다. 마케팅 이론과 실행에서 일어나는 변화를 일목요연하게 담아내고 있다.

Battle for your mind》이었던가? 그 책을 통해 포지셔닝이 무엇인지 자세히 알게 되었지. 교수가 아닌 일반 컨설턴트가 쓴 책이었는데, 정말로 훌륭했어. 그들이 쓴 다른 책들이 궁금해지더라고. 《마케팅 불변의 법칙 The 22 immutable laws of marketing》과 《마케팅 전쟁 Marketing Warfare》 역시 이들의 명작이라 할 수 있지. 나는 디스켓 세일즈를 할 때 이 책에서 배운 전략들을 많이 활용했네. 5% 대 80%의 싸움에서 측면을 공략하여 주류 시장의 옆구리 쪽으로 끼어드는 전략을 구사할 수 있었던 것도 그 덕분이야."

이대표는 추억에 잠긴 듯한 얼굴로 어딘가를 바라보았다.

"1986년까지 3년 연속 적자가 났을 때는 좌절감 때문에 모든 걸 포기하고 주저앉고 싶었네. 두 손 두 발 모두 들고 싶었다는 게 정확한 당시의 심정이었어. 저녁마다 술이었지. 그러다가 다시 책을 붙잡았는데 아……, 전에 읽은 내용 중에서 새롭게 다가오는 것들이 제법 있더라고. 지식이나 정보는 자기 것으로 체화했을 때 비로소 살이 되고 피가 된다는 걸 다시 한번 깨달았지."

치열한 마케팅 전쟁의 결과가 나타나기 시작한 것은 1987년부터였다. 시장점유율이 15%까지 상승하자 그는 대리점 의존형의 마케팅 전략을 다시 현장 중심으로 바꾸기로 했다. 반응이 나타나기 시작하면 확실히 밀어붙이기 위해서였다. 그는 디스켓을 많이 사용하게 될 것으로 예상되는 학생층을 타깃으로 삼고 학교 시장에 파고들었다. 신규 대리점에는 컴퓨터 용지 업체인 삼양 비즈니스 폼을 끌어들여

박스에 3M 로고를 박게 하고 같이 파는 전략을 구사했다.

"그때부터 승승장구하셨죠? 연봉도 껑충 뛰었고."

최대리가 우물우물 안주를 씹으며 입을 열었다.

"글쎄. 복병은 어디에나 있는 법이니까."

시장 점유율이 상승곡선을 그리던 1988년 무렵이었다. 한국 3M의 신임대표로 부임한 짐 그레고리 사장은 이대표의 공격적인 마케팅 방식에 제동을 걸었다. 한국인의 정서를 이해하지 못하는 외국인의 시각으로 볼 때 그의 전략은 너무나 무모해 보였다. 결국 두 사람은 일을 추진하는 과정에서 번번히 부딪혔다. 그런 와중에서도 이대표가 추진한 디스켓 판매 사업은 두 자릿수 이익을 내며 3M의 전 사업 부분에서 1등을 했다. 1990년대에는 업계 1등이라는 쾌거를 이루어 선두자리를 고수하기 시작했다.

"마케팅 부서가 회사 내 다른 부서와도 유기적으로 협조해야 한다는 걸 배웠으니 그레고리 사장과의 마찰 또한 큰 소득이었지."

"그때 3M이 잘 한 건 알겠는데, 경쟁사가 밀린 건 무슨 이유 때문이죠?"

조용히 술을 마시던 박과장이 이대표에게 질문을 던졌다. 이대표는 빙그레 웃으며 맥주잔을 들었다.

"SKC가 밀리게 된 원인이야 여러 가지가 있지. 우선 그들은 모든 사업역량을 디스켓에 쏟아 붓지 않았어. 비디오테이프도 함께 취급하면서 해외광고도 많이 하고……. 그러니까 주로 해외전략에 치중했다는 얘긴데, 디스켓 포장이 계속 바뀐 것도 패인이었지. 포장은 제품의 얼굴인데 만날 때마다 얼굴이 바뀌니 소비자가 어떻게 기억하겠나? 생각해 보라고. 우린 항상 똑같은 포장인데 누가 유리하겠어? 게다가 SKC는 돈이 많이 드는 큰 광고만 했고 우린 쪽광고를 많이 했지. 광고가 크다고 무조건 효과가 좋은 건 아니거든."

박과장은 말없이 고개를 끄덕이며 최대리와 이신우를 쳐다봤다. 느끼는 바가 있는지 물어보는 듯한 눈빛이었다.

"그 정도는 박과장도 꿰고 있잖아?"

"무슨 말씀을요. 전 대학 때 전공하고 달라서……."

"실은 나도 데이터 스토리지 분야는 잘 몰랐어. 엔지니어도 아니었고 말야. 영문과 출신이 뭘 알겠나? 파는 물건도 제대로 모른다는 게 부끄러워서 퇴근 후에 죽기 살기로 공부한 거야. 그 수밖에 더 있겠나, 어디."

너털웃음을 짓는 이대표와 이신우의 눈길이 마주쳤다.

"한 번은 컴퓨터가 바이러스에 걸린 게 3M 탓이라는 고객 전화가 걸려왔지. 유명한 사립초등학교 다니는 아이를 둔 엄마였어. 기세등등하게 따지더군. 그래도 '컴퓨터가 바이러스에 걸린 게 어째서 우리 탓이냐'고 되받지 않고 귀를 기울여서 불만을 듣고 문제를 해결하려는 진지한 자세를 보여줬더니 좀 풀어지는 거 같더란 말이지. 결국 앞뒤 얘기를 이해하고 전화를 끊었어. 수화기 내려놓고 시간을 보니 거의 두 시간이나 통화를 한 거야. 내 말 이해하나? 고객에게 신뢰감을 주려면 전문가가 아니더라도 전문가에 가까운 수준의 정보를 알고 있어야 해. 틈날 때마다 책을 읽으라는 것도 바로 그 때문이야. 내가 항상 얘기하지 않나. 책값 걱정 말고 보고 싶은 책이 있으면 언제든지 신청하라고."

되돌아보면 입사 이후 순탄했던 시기는 한순간도 없었다. 목숨 걸고 세일즈 현장을 뛰어다니다 정말로 목숨까지 잃을 뻔한 적도 있었고, 매출이 형편없어 술로 밤을 지새운 때도 있었다. 그리고 상사와의 불화 때문에 골치 아팠던 적도 많았다. 하지만 그때마다 그에게 등대 역할을 해준 든든한 조언자가 있었으니 그것은 바로 동서고금의 멘토들을 한데 모은 지혜의 보고 '책'이다.

"책 얘길 하다 보니 떠오르는 사람들이 많네. 전 오리콤의 김훈철 소장, 3M의 인터내셔널 매니저 찰리 칼리스토……. 김소장은 오리콤과 일할 때 알게 됐는데, 굉장한 마케팅 센스가 있는 분이라네. 함께 토의하면서 자극도 많이 받았지. 참, 《히트상품의 성공비결》이라는 책 읽어봤나? 안 읽어봤으면 한번 읽어봐. 브랜드의 가치를 새삼 깨닫게 될 거라고."

"찰리 칼리스토는 어떤 사람이었습니까?"

이신우의 눈이 초롱초롱하게 빛났다. 술기운 때문만은 아니었다.

"함께 책을 읽고, 토론하고 그랬던 사람이야. 그와 《대리점 마케팅》을 보면서 비즈니스 파트너에 대한 시각을 확고히 했던 기억도 있어.

새벽 1시까지 술을 마시고도 밤새도록 책을 읽었는데, 다음날 그 얘기를 나눌 정도였지. 심지어 그가 미국으로 떠나는 날 공항까지 따라가서 읽은 책에 관해 토론을 했으니, 말 다했지. 허허!"

"그래도 이론과 실제는 많이 다르지 않겠습니까?"

최대리가 이대표의 잔에 맥주를 따르다 말고 머쓱한 표정을 지으며 물었다.

"그래서 책을 읽어야 한다는 거야, 이 사람아. 경험에 논리를 적용할 수 있어야 앞으로 일어날 일에 대해서도 어느 정도 예측할 수 있지 않겠나? 자네, 영문학자인 제프리 무어가 쓴 《캐즘 마케팅Crossing the Chasm》 읽어봤나? 실용 마케팅에 관한 책인데."

"아, 아직……."

"제품이 시장에서 뜨기 전까지는 커다란 장벽을 넘어야 한다는 사실을 다시 한번 일깨워준 책이지. 기회가 되면 꼭 읽어봐. 하이테크 마케팅이 무엇인지 그 누구보다도 상세하게 설명해 줄 거야. 자네들, 내가 늘 강조하는 바이지만 일하다 어려움에 부딪히면 책을 펴보는 습관을 기르라고. 남에게 받는 컨설팅보다 스스로 길을 찾는 공부가 더욱 중요하다는 얘기야. 다 나의 체험에서 나온 소신이라고. 자……."

이대표가 건배를 제의했다. 네 사람의 잔이 '쨍' 하는 경쾌한 소리를 내며 부딪혔다.

"한국에서는 세일즈맨을 그리 좋지 않은 직업으로 보는 사람이 많지만, 미국에서의 인식은 아주 달라. 미국에서 세일즈는 열 손가락 안에 드는 직업이지. 모두들 의사나 변호사처럼 프로페셔널만이 할 수 있는 직업이라고 인정하거든. 처음 만난 사람에게서 자기가 원하는 걸 얻어내 본 경험이 있는 사람은 세일즈가 고도의 전문직이라는 걸 실감할 텐데 말이야."

단숨에 맥주를 들이컨 이대표는 빈 잔을 테이블 위에 소리나게 내려놓았다.

"커가는 회사일수록 더 그래. 아무리 좋은 마케팅 전략을 세운다 해도 그걸 판매로 직접 연결시키는 사람이 없다면 무슨 소용인가? 그래서 마케팅 담당은 세일즈의 중요성을 제대로 알고 있어야 해. 세일즈 파트 역시 마케팅 부서의 중요성을 알아야 하고. 서로가 상대의 중요성과 역할을 이해하고 원원하면 최고의 시너지 효과가 나온다는 게 그 동안의 경험에서 얻은 교훈이야. 알겠나, 이신우?"

당황한 이신우는 다른 사람들처럼 단숨에 맥주를 들이켜려다 푸웃, 하고 자신의 잔에 맥주를 뱉어냈다.

"아, 예. 사장님……. 그런데 아까 말씀하신 거, 5% 대 80% 싸움에서 옆구리 공략하는 거 그책 제목이 뭐였죠?"

술이 불콰하게 오른 이신우가 입가를 훔치며 물었다.

"오, 바람직한 자세야. 《마케팅 전쟁》 말인가? 가만 있자. 내가 어디엔가 이 책을 소개한 적이 있는데, '클라우제비츠의 《전쟁론》에서 배우는 마케팅 행동 원칙' 이지. 내가 전체 메일로 그 원고를 보낼 테니다들 원서를 씹어 먹듯 한번 읽어봐. 피가 되고 살이 될 테니깐. 허허, 이 친구 표정 하곤. 독후감 제출하라고 않을 테니까 걱정 말고 그냥 죽 훑어보라고. 필이 오면 직접 사서 읽어보고, 돈이 없으면 언제든지……. 알지?'

호프집 앞에서 각자 다른 방향으로 흩어진 그들은 조금은 가벼워진 마음으로 집에 돌아갔다. 이신우는 다음날 출근하자마자 컴퓨터를 켜고 이메일을 확인해 보았다.

● ● ●

독서 이메일 _ 마케팅 전쟁, 최후 승리자는?

마케팅 책을 추천해 달라는 부탁을 수없이 듣는데, 가장 먼저 떠오르는 책이 바로 《마케팅 전쟁》이다. 이 책은 수십 년 전에 나왔지만, 내용이 살아 있는 최고의 전략 지침서로 자리매김하고 있다. 나는 이 책의 번역서와 원서를 다섯 번 이상 읽었을 정도로 열성 팬이다. 경영자와 마케터를 위한 필독서임은 분명하지만, 그것 때문에 내가 이 책을 지인과 현장 실무자들에게 추천해 온 것은 결코 아니다.

저자인 앨 리스와 잭 트라우트는 전쟁터를 방불케 하는 마케팅 현장에서 기업과 마케팅 담당자, 그리고 임원들이 원하는 해결책을 실질적으로 제시해 준다. 이들은 지금 우리가 널리 사용하고 있는 '포지셔닝'의 개념뿐만 아니라 《마케팅 불변의 법칙》과 같은 책을 통해서도 잘 알려져 있다.

 내가 갖고 있는 마케팅 통찰력과 감각 역시 이 두 저자의 수많은 저서에 힘입은 바 크다. 책이란 눈으로 단순히 읽는 것 이상의 영감을 제공하기도 한다. 나에게 있어 이 책은 마케팅 세상에 대해 눈을 뜨도록 만들어준 보배 같은 존재다. 나는 이 책을 통해 단순히 광고하고 판촉하는 것이 마케팅의 전부가 아니라는 사실을 배웠다. 전통적인 기업에 마케팅 담당으로 입사하는 MBA 출신 중 많은 사람이 마케팅에 대한 잘못된 인식 때문에 예산을 낭비하고, 제품의 시장 진입이나 마케팅 전략에 실패하고 있다. 마케팅은 전략게임이요, 경쟁인 동시에 전쟁이다. 이제 모든 기업의 화두는 마케팅이 되었다.

 이 책의 내용 가운데 내가 특히 마음에 품고 있는 것은 마케팅의 네 가지 유형에 대한 얘기다. 공격적인 방어전, 최대의 공격전, 측면공격, 게릴라 전법. 이 중에서 어떤 전략을 구사할 것인가는 그 기업이 처한 상황과 제품의 특성에 따라 마케팅 담당자가 결정해야 한다. 책에 소개된 사례들

멘토북 돋보기

마케팅 전쟁 Marketing Warfare
앨 리스, 잭 트라우트 지음 | 안진환 옮김 | 비즈니스북스

마케팅 컨설턴트로 세계적인 명성을 얻고 있는 앨 리스와 잭 트라우트의 대표작. 이들은 마케팅 분야의 바이블로 여겨지는《마케팅 불변의 법칙》과 《포지셔닝》의 저자이기도 하다. 출간 이후 16년 만인 1997년에 개정된 이 책은 20년 가까이 세계 각국에서 널리 읽혀지고 있는 마케팅 분야 최고의 베스트셀러다.

도 그러한 선택을 돕는 데 좋은 지침이 될 것이다.

또 눈길을 끄는 대목은 5장 '마음의 지도(마인드맵)'에 관한 얘기다. '비열하고 추악한 장소'에서 생존하려면 경쟁기업과 시장, 그리고 소비자의 마인드를 지배해야 하는데, 그것이 결코 쉽지 않은 작업임을 알려주고 있다. 아울러 유능한 마케팅 전략가가 되기 위한 조건으로 패배까지 이용할 수 있는 '융통성', 전장에 임하는 '정신적 용기', 사실을 근거로 사물을 보는 '시각' 등 전략수립에 대한 충고가 담겨 있다.

많은 전문가들이 전쟁에 관한 고전으로 《전쟁론》을 꼽는다면, 《마케팅 전쟁》은 우리 시대 비즈니스의 새로운 고전이다. 이 책은 마케팅의 본질에 대한 생각거리를 제공해 준다. 그리고 '알렉산더처럼 계획하고 나폴레옹처럼 움직이고 패튼처럼 싸우는' 마케팅 전략가만이 최후 승리자가 될 수 있다는 것을 다시 한번 일깨워준다.

● ● ●

이메이션코리아 사무실 풍경. 빈 자리가 많은 사무실 모습이 왠지 낯설다. 일부 직원을
제외하곤 모두가 세일즈를 위해 자리를 비웠기 때문이다. 이 회사의 퇴근시간은 남들
보다 이른 오후 5시다. 임원들이 솔선수범해 일찍 퇴근하는 분위기를 정착시켰다.

독서경영 10계명

2

넓은 숲을 거닐어라

필요한 책을 골라 소화했다면 서서히 지평을 넓혀 나가라. 독서에도 편식은 금물이다. 잘생긴 나무를 중심으로 숲 전체를 조망하라. 편안하게 산책하듯이 거닐다 보면 어느새 관심 목록이 조금씩 늘고, 시야가 확장되며, 지식과 정보의 폭이 넓어질 것이다. 예컨대 《초우량 기업의 조건》과 《성공 기업의 딜레마》는 숲의 왼쪽과 오른쪽을 한꺼번에 비춰주는 양면거울이다.

책값이 얼마든 회사 돈으로

직원회의를 소집하다

이듬해 봄이 되어도 상황은 별로 좋아지지 않았다. 달러환율은 1900
원까지 치솟았고, 대내외 경제 여건은 여전히 최악이었다. 국가부도
사태는 면했지만 국민경제와 기업 상황이 나아지려면 넘어야 할 산이
한두 개가 아니었다. 게다가 월 매출액은 목표의 절반에 머물러 있었
다. 사면초가가 따로 없었다.

    이메이션은 1996년 미국 3M에서 플로피디스켓과 CD롬 등 데이터
저장장치와 이미징 사업군을 떼어내 분사한 기업이다. 한국과 싱가포
르, 일본 등 7개국에 경영센터로 불리는 현지법인을 두고 전세계 60
곳에 영업망을 갖춘 다국적 기업이다. 한국법인은 그 중에서도 가장

기대가 큰 법인이었다.

'똑, 똑.'

누군가 사장실 문을 두드렸다.

"예."

문을 열고 들어온 사람은 박진욱 과장이었다.

"서류는 이쪽에 놔두고 거기 좀 앉아."

이대표는 박과장이 내려놓은 서류철을 한쪽으로 밀쳐두고 비서에게 녹차를 부탁했다.

"요즘은 따로 공부할 시간도 없지?"

"짬날 때마다 책을 찾아 읽는 정도죠."

창립 초기에 '다른 건 몰라도 공부하고 싶은 건 무조건 다 지원해주겠다'고 말한 이대표였다. MBA 과정에 다니고 싶으면 학비를 지원하고, 직무 관련 교육이 필요하면 얼마든지 회사 돈으로 수강료를 내줄 테니 하고 싶은 공부는 뭐든지 하라는 게 이대표의 복지철학 1조 1항이었다. 박진욱 과장이나 이근수 차장과 같은 동지에 대한 미안함이 본사에 대한 책임감보다 더 큰 이유는 바로 그 때문이었다.

그들은 채 자리를 잡기도 전에 벼랑 끝으로 내몰린 회사에서 공부는커녕 명확한 비전조차 없이 죽도록 고생만 하고 있었다. 목표치에 비해 반 토막밖에 안 되는 판매 그래프를 내밀며 스스로를 탓하는 사람들이었다. 이대표의 권유 하나만 믿고 맨 땅에서 시작하는 신생 법인으로 따라온 용기 있는 동료들이었다.

"미안하네."

"그게 어디 사장님 탓인가요."

오래된 흑백사진을 들여다보듯, 이대표의 머릿속에는 옛 일들이 스쳐 지나갔다.

연탄 살 돈이 없어 엄동설한을 담요 한 장으로 견뎌야했던 시절, 아버지가 돌아가시자 가세는 더욱 기울어졌다. 인문계 고등학교 진학을 포기하고 실업계 고등학교로 진학해 어렵사리 대학까지 들어갔지만 전액 장학금을 받지 않으면 학교에 다니지 못할 정도로 형편은 좀처럼 나아지지 않았다.

사정상 입대를 결정한 그는 전역 후 미친 듯이 공부에 매달렸다. 잠자는 시간을 4시간 이하로 줄이고 전공인 영어공부에 총력을 기울였다. 덕분이었을까. 그는 졸업반 때 전국영어어휘력경시대회에서 최우수상을 받았다. 영어경시대회 번역 부문에서도 우수상을 받았다. 그것은 어쩌면 훗날 3M으로부터 받은 글로벌마케팅 최우수상보다 더 값진 것이었는지도 모른다. 뼈를 깎는 노력 끝에 얻은 최초의 성과물이었기 때문이다.

그는 졸업 무렵 다섯 군데의 회사로부터 입사제의를 받았는데, 고심 끝에 중동에 진출한 건설 회사를 선택했다. 그에게는 글로벌 비즈니스의 세계에서 뛰고 싶은 꿈이 있었다. 외국에서 일을 해보려면 그 건설 회사를 택할 수밖에 없었다. 그러나 회사는 그에게 노무 관리만을 맡겼다. 아무리 생각해 봐도 비전이 보이지 않는 일이었다. 실망한 그는 당장 하루 끼니를 걱정할 정도로 절박한 상황이었지만 과감히 사표를 냈다.

"언젠가 사장님께서 그러셨죠. '어려울수록 멀리보자'고요. 기억하시죠?"

박과장의 목소리가 상념에 잠겨 있는 이대표를 깨웠다.

"기억하지. 왜 그 건설 회사 그만두고 백수 생활할 때⋯⋯. 내가 얘기했던가? 방바닥은 얼음장 같지, 연탄 살 돈은 없지, 쌀은 떨어졌지. 생각해 보니 그런 시절도 있었군. 사실 그 말은 당시에 읽은 어떤 책에 나온 내용이네. 어느 기업인의 자서전이었던 것 같은데⋯⋯. 그래. 지나고 보면 다 추억이지. 앞 방 아저씨 연탄불을 대신 갈아주면서 남은 연탄 얻어 쓰고, 어쩌다 라면도 얻어먹으면서⋯⋯. 그렇게 버텼는데. 한번은 보온밥통에 물을 넣고 끓여서 손난로 대용으로 쓴 적도 있었지. 처절하지 않은가?"

"역발상의 아이디어로군요."

"역시 자네는⋯⋯."

전화벨이 울렸다. 박과장에게 양해를 구한 이대표는 자리로 돌아가 전화를 받았다. 이메이션 본사의 국제담당 대표 데이브 웽크 사장의 전화였다.

"제이(이장우 대표의 미국명)! 괜찮은가? 이대로는 한국에서 계속 법인을 유지하기가 힘들지 않을까……."

웽크 사장은, 지금처럼 계속해서 사업이 부진할 경우 한국시장에서는 철수할 수밖에 없다는 뜻을 분명한 발음으로 완곡하게 전하고 있었다. 빌 모나한 회장마저도 보고를 받고 심각하게 고민하고 있다는 내용이었다.

이대표는 수화기를 내려놓으며 숨을 깊게 들이마셨다.

"박과장. 직원회의 소집해야겠네."

역전의 시작을 알리는 북 랠리

회의실은 쥐죽은 듯 고요했다.

"여러분, 예상은 하고 있었겠지만 상황이 생각보다 안 좋습니다."

이대표는 침착한 말투로 직원들에게 웽크 사장과의 통화내용을 가감없이 공개했다. 여기저기서 탄식 소리가 흘러나왔고 좌중이 술렁이기 시작했다. 사장의 입에서 '시장 철수'와 별반 다름없는 말이 나오자 40명쯤 되는 창립 멤버들은 순간적으로 '정신적 공황 상태'에 빠져들었다. 그때였다.

"날씨가 좋던데……. 야유회 어때?"

"……."

직원들은 찬물을 뒤집어쓴 사람처럼 멍하니 이대표를 바라보았다.

회사의 생사가 달린 긴급회의 중에 갑자기 야유회 타령이라니? 직원들은 의아하다 못해 귀신에 홀린 듯한 기분으로 서로를 바라보았다. 모두들 사장과 동료들을 번갈아 흘깃거리며 무슨 말을 해야 할지 몰라 곤혹스러워하고 있었다.

"아, 날씨도 좋은데 야외로 나들이나 가자니깐."

"사장님……. 이 판국에 어, 어디로……?"

이근수 차장이 굳은 얼굴로 물었다.

"한강 둔치공원 어때? 멀리 갈 거 없잖은가."

봄빛 완연한 오후였다. 가까운 한강 둔치공원으로 몰려나온 직원들은 둥그렇게 모여앉아 다과를 나누며 언제 그렇게 심각했었냐는 듯 화기애애한 분위기를 연출하고 있었다. 이제 막 신입 딱지를 뗀 이신우는 음료수를 사들고 계단을 내려오다 멈칫 걸음을 멈추고, 모여 있는 직원들을 둘러보았다.

"보기 좋지?"

누군가가 이신우의 어깨를 툭, 치며 말을 건넸다.

"예? 아, 예……."

이신우의 1년 선배인 유서형 대리였다. 그녀는 이신우와 같은 부서에서 근무하는 홍일점으로 이근수 차장이 영입한 재원이었다.

"이게 바로 저들의 저력이지."

"저, 저들이라뇨?"

"이장우 사장, 이근수 차장, 박진욱 과장."

이신우는 부하 직원들과 섞여 담소를 나누고 있는 그들을 주시했다.

"앞으로도 배울 점이 많을 거야."

유대리는 이신우의 어깨를 다시 한번 툭, 치고 무리를 향해 걸어갔다. 이신우는 그녀의 뒤를 따르며 '저들'이 어떻게 이 위기를 넘기는지 관심을 갖고 지켜보기로 했다. 회사 문 닫을 판에 야유회라니 무슨 뚱딴지같은 소린가 싶었으나, 여기저기서 왁자지껄 웃음꽃을 피워올리는 모습을 보니 기분은 한결 산뜻해졌다.

유대리와 이신우가 자리를 잡고 앉자 이대표가 말문을 열었다.

"그 동안 고생들 많았어. 그리고 많이 미안하네. 직원들 공부하는 데 최우선적으로 지원하겠다고 큰소리 쳐놓고 MBA는커녕 단기교육 한번 제대로 보내준 적이 없으니……. 오늘부터 책이라도 마음껏 읽도록 해주고 싶어. 아무리 어려워도 회사 돈으로 책값 전부 치러줄 테니 보고 싶은 책 마음대로 사서 보도록 하게. 책보다 훌륭한 스승이 어디 있겠나? 좋은 시절 올 것에 대비해 지식의 창고를 풍요롭게 해놓는 것도 의미 있잖은가? 안 그래?"

곳곳에서 박수가 터졌다.

"와우, 사장님, 멋쟁이!"

누군가 '휘익' 하고 휘파람을 불었다.

"회사 돈으로 책 사 읽는다고 독후감을 내라거나 전표를 확인하자는 소리는 절대로 안 하겠네. 사다 놓고 미처 못 읽을 때도 있는 법. 눈에 보이면 언젠가는 읽지 않겠나? 책값이 얼마가 들더라도 좋아. 각 부서 매니저들은 직원이 책값 달라고 할 때마다 전결로 즉시 지급하도록!"

"브라보!"

"그런데 이왕 시작한 거 재미있게 하자고. 게임하듯이 말야. 가령 회사에 책 한보따리 사다 풀어놓고 자기가 원하는 책을 골라잡는 행사는 어떤가? 먼저 집는 놈이 임자!"

"지화자!"

"우리는 첫 진수한 배를 타고 바다로 출항한 용감한 운명공동체야. 지혜로운 선원은 풍랑이 거세고, 먼 바다에서 더 큰 폭풍우가 밀려온다 해도 그걸 미리 알고 대비할 줄 알지. 진짜 위기는 위기를 모르고 있을 때야. 그러나 우리는 위기라는 사실을 분명히 알고 있지 않은가? 지금 우리에게 절실한 것은 위기를 기회로 바꾸는 지혜와 용기야. 위대한 사람들은 어려울 때 멀리 내다볼 줄 알지. 그러니까, 지금을 혁신의 출발점으로 삼으면 되는 거야. 다들 알겠나?"

첫 '북 랠리' 행사는 그해 가을에 있었다.

행사는 다음과 같이 진행되었다. 담당자가 서점에 가서 스테디셀러 코너, 베스트셀러, 신간을 걷어온다. 출근시간 30분 전에 구입해 온 책을 회의실 탁자에 깔아놓는다. 행사 시작 날짜를 공지하면 직원들이 출근하는 순서대로 와서 가져간다.

직원이 고르는 책은 그 순간 그의 것이 되었다. 독후감 제출 의무 따위는 없었다. 다만 어떤 것을 가져갔는지 목록 정도는 작성해 두어야 했는데, 그것은 다른 직원이 그 책을 빌려볼 때 자료로 활용하기 위함이었다. 개인이 소유함으로써 공공 성격이 강한 도서관 개념보다 훨씬 적극적인 효과를 이끌어낼 수 있었다.

'책을 지원하면 그게 어떤 형식으로 돌아올지는 몰라도 반드시 돌아오게 마련이다.'

이대표는 독서가 하나의 문화로 자리잡기를 기대했다. 직원들과 회식 한 번 하는 데 드는 비용이 200만~300만 원인 데 반해, 북 랠리 행사 한 번 치르는 데 드는 비용은 50만~60만 원 정도이니 경제적으로도 이득이었다. 무엇보다 아이디어 창출이라는 무형의 자산까지 확보할 수 있으니 금상첨화 아니겠는가?

시범적으로 실시한 '북 랠리'는 결국 직원들의 열화와 같은 성원에 힘입어 이후 매년 봄과 가을에 반짝 이벤트처럼 실시되었다. 이 행사는 이대표의 뜻대로 사내에 자발적인 '독서 문화'가 정착되는 계기가 되었다. 특히 주목할 점은 위로부터의 강제가 아닌 아래로부터의 혁신이었다는 사실이다.

CD-R로 가능성을 보여주다

"매일 2000개 이상씩 나가고 있답니다."

수화기를 내려놓은 최태호 대리가 큰 소리로 외쳤다. 12월에 출시한 CD-R(공CD)이 하루에 2000개씩 팔려나간다는 소식이었다.

평소 무표정하기로 유명한 이근수 차장이 환한 얼굴로 주먹을 불끈 쥐어 보이며 소리쳤다.

"좋았어!"

이메이션코리아가 상승기류를 타기 시작한 것은 첫 '북 랠리' 행사가 실시된 그해 가을부터였다. 다행히 환율도 점차 안정되어 갔고, 본사에서도 한국법인을 살리자는 분위기가 확산되고 있었다. 한국 IT산업의 발전이 예상되는데다 직원들의 의욕도 높으니 한번 베팅해 보자는 움직임이 일었다.

물론 본사로부터 긍정적인 태도를 이끌어내기까지는 이장우 대표의 역할이 컸다. 그는 본사와 접촉할 때마다 한국 시장의 특수성과 미래 가치, 직원들의 의욕과 향후 청사진에 대해 혀가 닳도록 설득하고 또 설득했으며, 컴퓨터와 정보기술 분야 등 첨단산업의 성장 가능성이 어느 나라보다 높다는 점을 끊임없이 강조했다.

　－ '외환위기로 IMF의 구제금융을 받아야 하는 상황에서도 '금 모
　　 으기' 등으로 놀라운 저력을 발휘하고 있는 한국인의 근성을 좀

보라.'

- '우리는 꼭 해낸다, 자신 있다, 그러니 우릴 믿고 기회를 달라.'
- '딱 한 번만 자금을 지원해 달라, 실적으로 성과를 나타내 보이
  겠다.'

결국 그는 100억 원의 자본재 투입이라는 결정을 이끌어냈고, CD-R의 히트로 '가능성'을 확인시켜 주었다. CD-R의 히트에도 불구하고 그해의 영업실적은 좋지 않았다. 그러나 외부 환경의 불리함과 스스로의 한계를 극복하고 자기혁신과 미래지향적인 가치를 발견한 것은 무엇과도 바꿀 수 없는 수확이었다.

이근수 차장에게 실적을 보고받은 이대표는 책장에서 책 두 권을 끄집어냈다. 톰 피터스가 쓴 《초우량 기업의 조건 In Search of Excellence》과 《자기혁신 i디어 The Circle Of Innovation》였다.

"자네, 이 책 읽어봤나?"

"아직……."

이차장은 고개를 가로저으며 이대표가 건네는 책을 받아들었다.

"톰 피터스는 어려울 때마다 용기와 지혜를 주는 경영의 구루(스승)이자 내 인생의 멘토지. 한번 읽어봐. 도움이 될 거야."

《초우량 기업의 조건》은 성공하는 기업조직의 사고방식에 관한 경영학 명저로, 피터스가 동료인 워터먼과 함께 1961년부터 1980년까지의 43개 초우량 기업을 분석한 결과를 담은 책이다. 1982년에 이 책

이 출간될 무렵, 미국 기업들은 전략이나 조직구조, 시스템과 같은 경영의 하드웨어적인 측면에 매몰되어 있었다. 그리고 그 때문에 전략 수립과 실천을 동일시하는 함정에 빠져 수립한 전략을 제대로 실행조차 못하는 실수를 반복했다. 바로 그때, 그와 같은 미국식 경영 스타일과 합리주의적 사고방식의 한계를 대담하게 지적한 것이 《초우량 기업의 조건》이다.

"이 책의 키워드는 다름 아닌 '초우량Exellence'이네. 여기서 말하는 '초우량 기업'이란 평범한 기업에서는 발견할 수 없는 특성을 의미하는 게 아니야. 즉 평범한 기업에서도 하고 있는 활동을 전혀 다르게 실행하는 기업을 말하는 거라네. 이를테면 모두가 알고 있는 기본적인 경영원칙들을 어떻게 실행하느냐가 중요하다는 얘기야. 경영의 하드웨어 측면보다는 자유, 열정, 실행력, 창조성, 동기부여, 사람, 공유 가치와 규율 등 소프트웨어적인 요소를 강조한다고 볼 수 있지."

이차장은 집으로 곧장 퇴근했다. 그리고 저녁 식사를 마친 뒤 소파

멘토북 돋보기

초우량 기업의 조건 In Search of Excellence
톰 피터스, 로버트 워터먼 지음 | 이동현 옮김 | 더난출판사

현대 기업 경영의 창시자라 불리는 톰 피터스의 처녀작이자 그를 경영 구루의 반열에 올려놓은 책. 초대형 베스트셀러가 된 이 책은 합리주의적인 분석에만 빠져 있던 미국 기업들에 일침을 가하며 자유, 열정, 실행력, 창조성 등과 같은 소프트웨어적인 것들이 지니고 있는 가치를 강조한다.

에 앉아 이대표가 추천해 준 책을 펼쳤다. 책에 담긴 초우량 기업의 특징들을 하나씩 곱씹어보면서 그 내용을 현재 자신이 처한 상황에 투영해 보았다. 그리고 중요하다고 생각되는 부분에 포스트잇으로 표시해 두었다.

첫째, 실행을 중시한다. 실험하지 않으면 아무것도 배울 수 없는 과학처럼 비즈니스에서도 시도와 실패, 그리고 재시도하는 과정이 없다면 아무 것도 배울 수 없다. 아무리 많은 분석과 시장조사도 실행의 힘은 넘을 수가 없다.

둘째, 고객에게 밀착한다. 누구나 아는 사실이지만 완벽하게 실행하기 힘든 부분이다. 고객에게 최선을 다하는 것이야말로 궁극적인 의무다. 비즈니스와 고객은 동의어이기 때문이다.

셋째, 자율성과 기업가정신. 조직은 사람들이 모여 이루어진 곳이다. 사람들은 규율에 얽매이기보다는 자존감을 가지고 스스로 움직이기를 원한다. 존슨&존슨, 3M, 월마트 등이 성공을 거둘 수 있었던 이유는 '그들이 공통의 문화적인 규범으로 결합했기' 때문이다.

넷째, 사람을 통해 생산성을 높이고 가치에 근거해 실천한다. 비즈니스에서 '사람'만큼 중요한 건 없다. 사람을 소모품이 아닌 존엄한 존재로 대해야 조직도 원하는 것을 얻게 마련이다.

다섯째, 기업이 지향하는 바를 직원들이 이해하고, 그것을 실천하면서 자부심을 느끼도록 하는 것 역시 중요하다. 성공적인 기업은 이윤 외에 그들만의 가치를 만들어나간다.

여섯째와 일곱째, 즉 '핵심 사업에 집중한다' 와 '단순한 조직과 작은 본사를 지향한다' 는 내용은 이미 다른 책에서 많이 강조되어 온 얘기다. 회사가 잘 되려면 이것저것 넘보지 말고 주력 업종에 집중하는 게 좋다. 조직의 단순화 역시 효율성이나 능률 면에서 유리하다.

마지막으로 이차장은 '엄격함과 온건함을 동시에 지닌다' 라는 부분에도 포스트잇을 붙였다. 일류 조직은 확실히 중앙집권화와 분권화가 완벽한 조화를 이루고 있다. 초우량 기업의 대부분은 '자유를 주는 대신 기업의 중요한 핵심 가치에 대해서는 중앙집권적' 이다. 이 지혜로운 원리를 '엄격함' 과 '온건함' 이라는 단어로 표현한 저자의 감수성에 존경심을 표할 수밖에 없었다.

책을 덮은 이차장은 초우량 기업의 여덟 가지 특징을 다시 한번 하나하나 곱씹어보았다. 그러자 갑자기 이대표의 목소리가 환청처럼 들려왔다.

'사람들에게 자신이 하는 일에 대한 방향을 알려주고 동기를 부여하면 그들은 자기가 하는 일에 확신을 갖는다.'

"바로 그거야. 사람들은 동기가 부여되면 열심히 일하게 마련이지. 실행력은 동기부여에서 나오는 거야."

이차장은 책을 통해 동기부여의 중요성을 새삼 깨달았다. 그리고 이대표가 자신에게 이 책을 권한 이유를 어렴풋하게나마 알 수 있었다.

"초우량 기업이라 해도 남들에게 없는 특별한 무엇이 있는 건 아니었어. 자유, 열정, 실행력, 창조성, 동기부여, 사람 등은 우리도 갖고 있지. 다만 그걸 정확하게 관찰하고 구체적으로 실행하지 못한 게 패인이었군."

이차장은 고개를 끄덕였다.

"바로 실행하자. 사람들에게 동기를 부여해 주고 열정을 심어주자. 창조와 자유에 대해 얘기하고 그들이 더욱 신바람 내며 일할 수 있도록 돕자. 지금까지 구성원들에게, 내 동료와 부하직원들에게 소홀했어. 이제부터라도 변해보자."

다음날. 이차장은 30분 정도 일찍 출근해, 이대표가 권해준 또 다른 책 《자기혁신 i디어》를 읽었다. 톰 피터스가 5년 동안 개최한 400여 차례의 세미나 내용을 압축해 실은 것으로 자기혁신의 바이블이라 할 만한 책이었다.

저자는 그 어떤 아이디어보다 중요한 건 '사람'이라고 본문을 통해 여러 차례 강조한다. '지금 당장 변화를 위한 책임을 맡아라.', '인재등용의 귀재가 되라.', '시스템이 솔루션이다' 등과 같은 혁신 로드맵은 물론, '조직을 완전히 뜯어고치는 것보다 파괴시키는 편이 쉽다', '정신 나간 사람들을 고용하라', '지우개 없이는 살 수 없다. – 망각이야말로 최고의 예술' 등과 같은 파격적인 내용도 거침없이 전개한다.

"무슨 책 읽으세요?"

유서형 대리였다.

"자기혁신 아이디어."

"저는 요즘 이걸 읽고 있는데……."

유서형이 내민 책은 클레이튼 M. 크리스텐슨이 쓴 《성공기업의 딜레마The Innovator's Dilemma(영문판)》였다.

"요즘 사장님께서 하도 혁신, 혁신 하시니까 맘먹고 하나 찾아봤죠. 세계적인 우량기업이 시장지배력을 잃게 되는 원인을 독특하게 분석한 책이라고 하네요."

"흠……."

"진짜 잘 나가던 회사들이, 그것도 고객에게 빨리 반응하고 기술 개발에도 화끈하게 투자했음에도 불구하고 왜 추락했나요?"

"글쎄. 왜지?"

"저자는 이들 기업의 실패 요인을 '와해성 기술Disruptive Technology'
이라고 지적하더군요."

"와해성 기술?"

"기술은 엔지니어링과 제조라는 개념을 뛰어넘어 마케팅과 투자,
관리의 모든 과정을 포괄하는 개념이죠. 혁신이란 이들 기술 중에서
어느 하나가 변하는 것을 의미하는데, 왜 훌륭한 경영자의 건전한 의
사결정이 기업을 실패로 몰고 가는지에 대한 진단이 1부에 나와요. 여
기 등장하는 상황들이 바로 성공기업의 딜레마고요."

"음……. 그럴 듯하군."

"그리고 이 딜레마를 해결하는 방법이 2부에 소개되었죠."

"와해성 기술을 적절히 혁신해야 한다는 얘기구만."

"역시 이차장님."

"다 읽었으면 좀 빌려줄 수 있겠나? 나도 읽어보고 싶은데."

"저야 좋죠. 대신 저한테도 한 권 빌려주셔야 됩니다."

"허허, 이 친구 계산은 빠르군. 좋아."

이차장은 유대리에게 빌린 《성공기업의 딜레마》를 펼쳐 대충 넘겨
보았다. 캘리포니아에서 진행된 전기자동차 개발과 마케팅, 기업구조
시뮬레이션 자료가 눈에 들어왔다. '와해성 기술이 시장을 잠식하는
과정'이 다큐멘터리처럼 입체적으로 서술되어 있는 장이었다. 그는
수첩을 꺼내 자신의 도서 목록에 이 책을 추가하고 메모해 두었다.

자신이 처한 상황을 간접적으로 비춰주면서 앞으로 초우량 기업이 되기 위해 무엇을 어떻게 해야 하는지 알려 주는 책.

이 차장은 메모장을 뒤집어 초우량 기업부터 자기혁신 아이디어, 성공기업의 딜레마까지 메모한 것들을 살펴보았다. 한참 메모한 것들을 바라보던 이차장은 무언가 생각났다는 듯 갑자기 무릎을 쳤다.

"그렇구나. 사장님은 끊임없이 혁신을 생각하라고 말씀하신 거야. 이제 막 CD-R 판매가 호조로 돌아섰는데, 이에 안주하지 말고 더 높은 곳을 쳐다보라는 말씀이었어."

이차장은 그제야 모든 것을 알았다는 듯 고개를 끄덕이며 환한 미소를 얼굴 가득 지어 보였다. 나름대로 깨달음을 얻은 독서였다.

"지금 이 자리에 머물거나 안주하지 않겠어. 암, 더욱 높은 곳으로 달려가기 위해 변하고 또 변해야지."

멘토북 돋보기

성공기업의 딜레마 The Innovator's Dilemma
클레이튼 M. 크리스텐슨 지음 | 노부호 외 옮김 | 모색

성공한 기업들을 어느 날 갑자기 위기에 처하도록 만들 수 있는 위험과 그에 대한 방안을 제시하고 있다. 세계적 초우량기업들이 실패하는 이유와 실패한 기업들의 공통적인 특성까지 제시하며 그들의 전철을 되밟지 않도록 하는 방법을 담아내고 있다.

북 랠리 행사에서 책을 고르는 이메이션코리아 직원들의 모습. 이 행사는 봄과 가을에 한 번씩 열린다. 회사측이 서점에서 구입한 책을 탁자에 일렬로 늘어놓으면 행사 기간 중 일찍 출근하는 직원들이 순서대로 책을 골라 가져갈 수 있다.

독서경영 10계명

3

뿌리를 짚어라

사물이나 현상의 본질을 꿰뚫는 책을 골라라. 나무
의 생육 속도를 알려면 뿌리를 봐야 한다. 시대 변
화의 흐름을 정확하게 파악해야 다가올 변화를 예
감하는 능력이 생겨난다. 이메이션코리아 직원들은
디지털 혁명과 Y2K 특수가 겹친 시기에 빌 게이츠
와 손정의, 제프 베조스 등의 신간을 통해 시대적
변화의 흐름을 파악하고자 했다.

책 속의 지혜로 황금 기회를 살리다

벌레에서 발견한 기회

"요놈의 벌레 덕분에 눈코 뜰 새가 없네."

박진욱 과장이 최태호 대리에게 자판기 커피를 건네며 말했다.

"벌레라니요?"

"버그 말이야 밀레니엄 버그, 흐흐."

연초부터 '밀레니엄 버그'로 불리는 Y2K(컴퓨터 2000년 인식오류) 문제가 지구촌을 떠들썩하게 만들고 있었다. 1999년 1월 1일, 유럽 공항에서 여권 분실자들을 위해 임시 여권을 발급하던 중 컴퓨터가 99를 에러 표시로 인식하는 바람에 일대 혼란이 발생한 것이다.

그렇지 않아도 밀레니엄 버그 문제로 잔뜩 긴장하고 있던 사람들은 더욱 불안해졌다. 정부 당국과 공공기관, 항공사 등의 긴박감은 날로 더해갔고, 인터넷서점 아마존에서는 《Y2K: 당신이 자신과 가족을 보호하기 위해 반드시 알아야 할 것들Y2K: What You Must Know to Protect Yourself, Your Family》 등과 같은 밀레니엄 버그 대비서가 줄줄이 쏟아져 나오기 시작했다. 세계은행도 이례적인 성명을 통해 Y2K 문제에 대한 비상대책을 마련하라고 개발도상국들에 촉구할 정도였다. 유럽중앙은행ECB 은 '금융시스템 혼란을 피하려면 12월 31일엔 금융기관의 문을 닫으라'고 유럽연합 회원국들에 권고했다.

경제 분야 전문통신인 〈APDJ〉는, 미국 컴퓨터 전문가들의 의견을 종합 분석한 결과, 의료기기와 선박운송 시스템 등이 매우 취약할 것이라는 예측을 내놓았다. 미국 연방항공국FAA 과 항공사들이 항공기 추락을 염려해 이듬해 초에는 운항을 중지할 것이라는 전망도 뒤따랐다. 심지어 러시아 핵탄두에 시간이 잘못 입력돼 갑자기 발사될 가능성이 있다는 얘기까지 나돌았다.

"오히려 우리에게는 좋은 기회가 될 수도 있어. Y2K 대응에 한국은 226억 달러(약 27조 7000억 원) 정도가 들어갈 것이라고 하더군. 정부가 중소기업의 Y2K문제 해결을 위해 1999년 4월부터 연말까지 모두 200억 원의 자금을 지원한다고 발표했는데, 알고 있지?"

박과장의 말에 최대리는 고개를 끄덕이며 커피를 홀짝였다.

실제로 당시 상황은 정보저장장치 업계에 엄청난 규모의 Y2K 특수를 불러일으키고 있었다. 거의 모든 기관이 백업장치를 대대적으로 사들였고, 이메이션코리아의 매출도 가파른 상승세를 보이기 시작했다. 이장우 대표는 1분기 실적을 떠올려보았다. 이대로라면 지난해 대비 60~80%의 성장을 기대해 볼 만했다.

'지금이 기회다!'

이장우 대표는 《빌 게이츠 @생각의 속도Business @the Speed of Thought》의 표지를 탁, 하고 덮었다.

시장은 예측 불가능한 속도로 급박하게 변하고 있었다. '생각의 속도'라는 말이 딱 맞을 만큼 빨랐다. 당연하겠지만, 그 속도를 따라잡기 위해서는 전체 조직원의 사고가 그만큼 민첩해야 했다.

'이럴 때일수록 모두가 공유할 수 있는 비전과 방향이 절실하다.'

평소 의무적인 독서를 싫어하는 그였으나 이번만큼은 모든 직원이 함께 읽을 필독서 목록을 만들어봐야겠다고 생각했다. 그는 이근수 차장과 박진욱 과장, 유서형 대리를 불러 각각 소프트뱅크의 손정의, 마이크로소프트의 빌 게이츠Bill Gates, 아마존닷컴의 제프 베조스Jeff Bezos에 대한 브리핑을 준비시켰다.

그들은 가장 빠른 속도로 세계를 변화시킨 주인공이었다. 이들의 생각을 자세히 알아가는 과정에서 새로운 비전과 방향이 돌출되면 회사에 적용할 수 있고, 그렇지 않더라도 지금과 같은 시기에는 도움이 되리라 믿었다.

기회의 순간에 열린 도서 간담회

그로부터 며칠 후 책 소개를 위한 특별 간담회가 열렸다. 손정의, 빌 게이츠, 제프 베조스 순으로 브리핑이 시작되었다.

첫 번째 발표자로 나선 이근수 차장이 마이크를 잡았다.

"나의 목표는 디지털 정보혁명으로 세계 최고가 되는 것이다!"

이차장은 소규모 벤처에서 출발해 세계적 인터넷 재벌로 성공한 재일 한국인 3세 손정의의 성공비결과 휴먼스토리를 담은 책 두 권을 소개했다. 비즈니스 마인드와 경영전략에 초점을 맞춘 《손정의 21세기 경영전략孫正義インターネット財閥經營》과 그의 인생 및 성공 과정을 편년체 형식으로 구성한 《손정의 인터넷 제국의 지배자》였다.

"재일교포인 그는 열여섯 살에 미국으로 유학을 떠나, 2주일 만에 고등학교 과정을 마치고 캘리포니아에 있는 버클리 대학에 들어갔습니다. 그에게는 보통사람 이상의 '근성'이 있었습니다. 일본으로 돌아와 소프트뱅크를 설립하고 사업에 뛰어들었을 때, 그를 시기하는 집단의 '손정의 죽이기'와 한국인 차별이라는 벽에 수없이 부딪히면서도 이에 굴함 없이 꿋꿋하게 승부수를 던질 수 있었던 것도 그의 내면에 자리하고 있던 근성 덕분입니다."

미국 〈뉴욕타임스The New York Times〉는 손정의를 인터넷 금융 미디어 제국을 일군 황제라고 표현했다. 실제로 그가 이끄는 소프트뱅크는 세계 최고의 인터넷 포털사이트 야후를 비롯해 미국과 일본의 주요 인터넷 기업 120여 개를 장악하고 있으며, 이들 인터넷기업에 대한 150억~200억 달러어치의 지분을 보유하고 있다. 그야말로 사이버 공간의 강력한 지배자인 셈이다.

"그가 소프트뱅크를 설립하게 된 것은 한국인 차별 때문에 일본 재계에서 정상적으로 성공할 수 있는 기회가 원천 봉쇄당했기 때문입니다. 그러던 그가 성공을 일구어 일본 최고 갑부 대열에 올랐으며, 심지어 일본 최고 지도부에 경제회생 방안을 조언할 정도로 일본 내에서의 위상이 대단합니다. 누구도 예상하지 못한 일이었죠. 그는 스물네 살 때 두 명의 임시직원 앞에서, 앞으로 1조 엔의 매출을 목표로 하겠다는 거창한 포부를 밝혔습니다. '디지털 정보혁명은 인간을 더욱더 행복하게 또 생산적으로 만들어줄 것'이라고, '앞으로 300년간은 인터넷 제국이 세계를 지배하게 될 것'이라고 말입니다."

손정의의 비즈니스 전략은 일명 '손의 제곱병법'으로 요약할 수 있다. 간염으로 3년간 일선에서 물러나 침몰 직전까지 갔던 시절, 그가

멘토북 돋보기

손정의 21세기 경영전략 孫正義インターネット財閥經營
이시카와 요시미 지음 | 이정환 옮김 | 소담출판사

벤처기업에서 일약 인터넷 재벌로 성공한 재일 한국인 손정의의 21세기 경영전략을 소개한다. 손정의판 〈손자병법〉으로 독자들은 빌 게이츠의 철옹성에 강력한 도전장을 던진 손정의의 독특한 경영방식을 만날 수 있다.

병상에서 연구한 것으로 '손자병법'과 '란체스터 법칙'을 접목한 이론이다.

"첫 구절 '일류공수군'은 최고 자리에 앉은 사람은 공수의 균형을 취하며 무리를 지어 싸워야 한다는 뜻입니다. '도천지장법'과 '지신인용엄'은 손자병법에 나오는 말인데, 싸움에서 이기기 위한 덕목을 말하죠. '정정략칠투'는 정상에 올라 전체를 내려다보고 정보를 되도록 많이 모아 전략을 세우고 7할의 승산이 있을 때 일을 시작한다는 의미입니다. '풍림화산해'는 삼킬 때는 바다처럼 하라는 말입니다."

이차장은 숨을 고르며 직원들을 주욱 둘러보았다.

"그는 '다음 세기의 세계지도를 바꿀 인물'이라는 평가에 대해 다음과 같은 코멘트를 남겼습니다. '열아홉 살에 세운 인생 50년의 계획을 오차 없이 진행하고 있을 뿐이다'라고요. 여러분은 지금 어떻습니까?"

좌중이 숙연해진 가운데 이차장이 자리로 돌아가자, 두 번째 발표자인 박진욱 과장이 앞으로 나왔다. 그는 특유의 온화한 미소를 짓더니 흠흠, 헛기침을 했다.

"지난 1997년. 세계 굴지의 투자은행 메릴 린치에 일대 혁명이 일어났죠. 금융컨설턴트FC의 효율성을 개선하기 위해 'TGA 시스템'이라는 것을 개발, 도입한 것입니다. 1998년 10월 완성된 이 시스템이 바로 포트폴리오에 관한 모든 분석자료를 실시간으로 검색할 수 있는

'디지털 신경망' 입니다. 이 시스템이 가동될 무렵은 아시아에 불어 닥친 금융위기 때문에 시장 전체가 위축기에 놓여 있었습니다. 그러나 메릴 린치 온라인 고객들이 이 회사에 맡긴 추가 자산은 10억 달러를 웃돌았습니다. 시스템 구축에 든 실제 비용은 연간 6000만 달러 정도에 불과했고요."

메릴 린치는 한 걸음 더 나아가 고객용 버전을 추가로 만들었는데, 첫해에 하루 550명쯤 가입할 것으로 예상했으나 놀랍게도 하루 800명이 들어왔고, 7개월 만에 목표치인 20만 명을 넘어버렸다. 이것이 바로 마이크로소프트의 회장 빌 게이츠가 주목한 디지털 신경망의 성공 사례다.

"그는 최근에 펴낸 《빌 게이츠 @생각의 속도》에서 인터넷 확산으로 인한 혁명적 시대변화를 이렇게 예견했습니다. '다가올 10년 동안 비즈니스는 지난 50년보다 훨씬 큰 변화를 겪을 것이다. 1980년대가 질의 시대였고 1990년대가 리엔지니어링의 시대였다면, 2000년대는 속도의 시대다. 비즈니스의 성패는 정보를 얼마나 빨리 수집하고 활용하느냐에 달려 있다.' 그는 앞으로 일어날 변화를 종교혁명에 비유하면서 기업경영에서도 종래의 속도 개념이 파괴될 것이라고 전망했습니다. 이 같은 변화의 동력은 다름 아닌 광속보다 빠른 '생각의 속도' 입니다."

빌 게이츠는, 지난 30년 동안 기업들의 정보기술 설비는 늘었으나 성과는 낮았다는 점을 지적하면서, 디지털 기술이 비즈니스 행동과 사고에 어떤 영향을 미치는지 조망했다. 그의 탐색 범위에는 우주항공, 자동차, 은행, 생명공학, 출판, 교육, 금융서비스 등 거의 모든 영역이 망라되었고, 맥도날드와 포드, 코카콜라, 보잉 등 디지털 기술 선두기업의 사례도 분석 대상에 포함되었다.

박과장은 연단 위에 놓인 생수를 쭉 들이켜고 계속 말을 이었다.

"마이크로소프트는 최근 1년간 각종 서류를 전자양식으로 전환해 4000만 달러의 비용을 절감했다고 합니다. 종이 없는 사무실의 위력이죠. 하지만 빌 게이츠가 궁극적으로 반대한 것은 종이가 아니라 경직성입니다. 일상적인 업무를 소프트웨어로 처리하여 지식노동자들의 시간과 에너지를 벌어주고, 이들이 더욱 창의적인 일에 정열을 쏟을 수 있도록 만들자는 것이 골자입니다. 그는 이것을 '계란 반숙의 원칙'이라고 표현했습니다. 사용자가 3분 이내에 대부분의 관리도구에 들어갔다 나올 수 있어야 진정한 업무효율화가 이루어진다는 논리죠."

멘토북 돋보기

빌게이츠 @생각의 속도 Business @the Speed of Thought
빌 게이츠 지음 | 안진환 옮김 | 청림출판

디지털 기술이 비즈니스 행동과 사고를 향상시키는 데 어떻게 적용될 수 있는지 알려준다. 특히 디지털 신경망과 속도를 미래 예측 키워드로 삼아 실무적으로 설명하고 있다. '디지털 기술을 기업경영에 어떻게 접목할 것인가?'란 주제를 구체적 사례를 통해 쉽고 흥미 있게 정리해 놓았다.

빌 게이츠는 비행기 조종사들이 '훌륭한 착륙은 훌륭한 진입의 결과'라고 하듯 '훌륭한 회의는 훌륭한 준비의 결과'라고 강조한다. 회의는 단순하게 정보전달만 하는 장소가 아니라 이메일을 통해 사전에 자료를 분석한 이들의 제안과 논쟁의 경연장으로 활용되어야 한다는 것이다. 또한 빌 게이츠는 독일 금융기관 중역을 대상으로 한 여러 강연에서 모든 산업을 근본적으로 변화시키는 '변곡점'의 의미를 디지털 기술과 관련지어 이렇게 설명했다.

'인터넷서점 아마존이 책뿐 아니라 CD를 팔기 시작했고, 야후가 자체 여행 사이트를 만드는 세상이다. 온라인 분야에서 강세를 보이는 회사의 경우, 상품제공의 영역을 확장하는 사례가 갈수록 늘고 있다.'

"빌 게이츠는 틈새 시장을 파고드는 온라인 경쟁업체들이 언제 금융기관을 파고들지 모른다고 경고했습니다. 그리고 이 책의 각 장 마지막에 비즈니스 교훈과 디지털 신경망의 진단 포인트를 덧붙였어요. 비전문가들의 이해를 돕기 위한 배려죠. 이 책은 수준 높은 전문서이면서 변화를 준비하는 모든 사람에게 필요한 정보화 전략 교과서라는 평을 받고 있습니다. 특히 '성공을 위한 12가지 핵심 과제'라는 내용은 주목할 만합니다. 변화의 속도가 빠른 오늘날 크게 성공하기 위해서는 온라인, 전자상거래, 디지털 도구 등을 능숙하게 사용하는 것은 물론이거니와 고부가가치 산업을 창조하는 데 주력하라고 말합니다. 특히 정보를 활용해 시간을 벌라는, 어찌 보면 고전적일 정도로 진리에 가까운 말도 있습니다. 결국 성공을 일구어내려면 첨단 산업과 시간, 그리고 정보를 능숙하고 빠르게 다룰 줄 알아야 합니다."

이신우는 노트에 브리핑 내용을 메모하다 인기척이 나는 쪽으로 슬쩍 고개를 돌렸다. 마지막 발표자인 유서형 대리였다. 유대리는 날렵하게 생긴 안경을 손가락으로 살짝 들어올린 다음, 천천히 입을 열었다.

"《아마존의 성공비밀Big Short : Business the Amazon.com Way》은 보고서 형식으로 간단하게 소개하도록 하겠습니다."

세계 최고의 인터넷 기업 '아마존닷컴'은 창업 5년 만에 고객 1000만 명, 주가상승률 1063%를 기록한 사이버 공룡으로, 이 신화의 중심에는 디지털 프런티어 제프 베조스 회장이 있다. 월스트리트의 잘 나가는 헤지펀드 매니저였던 그는 인터넷을 검색하다 인터넷 인구가 매달 2300%씩 폭발적으로 늘고 있다는 통계를 접했다. 그는 화면을 들여다보며 강렬한 충동에 사로잡혔다. 그 힘은 자신의 몸 전체에서 뻗어나오는 억제할 수 없는 기운이었다. 마침내 그는 투자회사 부사장직을 그만두고 아내와 애완견을 차에 태운 채 서부로 향했다. 이동 중인 차 안에서 노트북을 펼쳐놓고 새로운 인터넷 판매사업을 구상하던 그는 세계에서 가장 긴 강의 이름을 따 인터넷서점 아마존을 창설했다. 아마존닷컴은 거대하다는 느낌을 제공함과 동시에 웹사이트 서핑에 사용되는 리스트가 알파벳 순서로 되어 있다는 점에서 착안한 이름이었다.

그는 낡은 차고에서 간판도 없이 사업을 시작한 지 5년 만에 세계 최대의 인터넷 기업을 일구어냈다. 현재 그가 이끄는 아마존은 이제 '세계 최대'일뿐 아니라 '세계 최고'의 인터넷 숍이라는 비전으로 확장되었다. 최근에는 소더비 경매하우스와 공동 사이트 오픈에 합의했고, 음반과 비디오에 이어 장난감, 게임, 전자제품까지 판매하고 있다. 온라인 스포츠 숍과도 전략적 제휴를 맺었다.

그의 성공은 '숍테인먼트shoptainment 전략'에서 비롯된다. 이는 고객에게 오락과 쇼핑을 동시에 제공하는 것이다. 그는 공격적인 마케팅과 최고의 기술력, 고객의 경험을 중시하는 소비자 중심 정신을 동력으로 삼아 아마존을 이끌고 있다. 이것이 바로 인터넷 비즈니스의 핵심이자 21세기형 기업의 모델로 평가받는 이유다.

"책이라는 구식의 아날로그 매체를 첨단 디지털 매체를 통해 팔겠다는 발상부터가 혁신적이었습니다. '창조적 사고'와 '역발상 지혜'의 증표라고 할 수 있죠. 그는 '창의적인 기업인들만이 인터넷을 통해 불가능을 가능으로 만들 수 있다'고 강조했습니다. 투자자들은 아마존이 적자를 내건 흑자를 내건 계속 돈을 갖다 바칩니다. 이유는 간단합니다. 그들은 아마존에서 미래를 발견했기 때문이죠. 물론 베조스가 눈앞의 작은 수익을 탐냈다면 이익은 훨씬 빨리 실현됐을 겁니다. 그러나 베조스는 좀더 큰 그림을 그리는 사람이었습니다. 늘 '아직은 투자 기간'이라고 말했죠."

유대리는 숨을 잠시 고른 후 다시 브리핑을 해나갔다.

"이 책에는 베조스의 경영철학과 성공적인 창업에 필요한 조건, 전자상거래에서의 브랜드 창출 방법, 사업확장 노하우, 타 회사와의 차별화 전략 등이 담겨 있습니다. 우수한 인재를 채용하고 헤드헌팅으로부터 그들을 지켜내는 고용 전략, 아마존의 독특한 업무처리 비결도 엿볼 수 있죠. 특히 아마존닷컴의 10가지 성공비밀은 주목할 만합니다. 중심 사업에 집중하도록 선별능력을 기르고, 사이트의 브랜드화와 가치 있는 서비스 제공을 위한 노력도 담겨 있습니다. 재창조와 기술력 보강 등 사이트를 운영하는 국내외 각종 사업체들에 도움이 될 만한 핵심들이 담겨 있습니다."

멘토북 돋보기

아마존의 성공비밀 Big Short : Business the Amazon.com Way
레베카 손더스 지음 | 세스컴전략기획팀 옮김 | 리드북

철저한 고객정신과 과감한 마케팅, 첨단의 시스템 운용으로 주가 총액 29조 원을 기록한 아마존의 성공을 담았다. 아마존닷컴은 인터넷 기업 중 최초로 1000만 회원을 돌파하기도 했다. 미국의 경제전문 분석가 레베카 손더스가 제프 베조스를 만나서 쓴 책이다.

세 사람의 브리핑이 모두 끝나자, 이대표는 몇 가지 할 얘기가 있다면서 수군거리는 직원들을 진정시켰다.

"오늘 소개된 책들을 전직원에게 선물하겠네. 우리는 지금 중요한 결정의 순간에 와 있어. 작년에 그토록 고생하던 걸 생각하면 지금이야말로 하늘이 주신 기회가 아닌가 싶네. 세 사람이 브리핑한 책들 속에는 지금 우리에게 꼭 필요한 보석 같은 얘기가 가득하지. 우리 모두 책 속의 지혜를 빌려 이 황금 같은 기회를 최대한 살려보자고."

그는 약간 흥분한 듯한 모습으로 얘기를 이어나갔다.

"올해 제대로 목표를 달성하고 나면 해외여행 한번 추진하지. 인도네시아의 멋진 휴양지 발리 어때? 그 동안 못했던 학비도 지원하고, 1년에 한 명씩 선발해서 대학원 학비를 전액 지원해 주겠어. 뭐 거창한 비전 운운할 것도 없잖은가? 멋지게 저질러보자고."

여기저기서 박수가 터져나왔다. 이대표의 제안은 여러 가지 면에서 큰 의미를 지니고 있었다. 회사의 장단기 전략을 지극히 사소한 대화처럼, 힘을 빼고 자연스럽게 제시한 셈이었다. 직원들 입장에서는 언제부터 언제까지 매출 구조가 어떻고, 시장 환경이 어떻고, 월간 목표는 어떻고 하는 얘기보다 내년 초에 가족동반 인센티브 여행을 갈 수 있도록 열심히 일해 보자는 말이 훨씬 피부에 와 닿게 마련이다.

첫 흑자, 에메랄드빛 바다를 꿈꾸다

1999년 마지막 날 저녁. 이대표는 사내 게시판을 둘러보다 '이제는 내년을 준비하자'는 제목의 게시물을 발견했다. '2000년 시장 판도는 어떻게 달라질까? 21세기 사회는 어떻게 전개될까? 다가올 미래사회의 트렌드는 무엇일까?' 등의 물음으로 시작되는 글이었다.

이대표는 자세를 고쳐 잡고 앉아 그 글을 진지하게 읽어 내려갔다. 익명의 게시자는, 《클릭! 미래 속으로Clicking》라는 책을 소개하고 싶다면서 제법 전문가답게 글을 썼다.

● ● ●

평소 책을 가까이 하지 않는 편인데 간담회까지 하면서 좋은 책들을 소개해 주니 진지하게 경청하지 않을 수 없었다. 이후 관심이 생겨서 선물로 받은 책을 뒤적거리기도 하고 서점에서 관련 서적을 살펴보기도 했다. 돌이켜보면 책들이 말하는 핵심은 트렌드와 미래에 관한 얘기였다. 변화가 극심한 현재에 함몰되지 않고 눈을 들어 미래를 내다보면 어떤 결과가 나타날까? 이와 관련해서 미래의 시장 판도에 대한 내용을 담은 책 한 권 소개하고자 한다.

코카콜라가 20만 명의 소비자를 실험한 끝에 야심작 '뉴코크'를 내놓았을 때 이것의 실패를 단언한 사람이 있었다. 마케팅 자문회사 브레인리저브의 대표 페이스 팝콘이다. 그는 '코쿠닝'이라는 신조어를 만들어낸 주인공이며 4륜구동차와 가정배달업의 인기 등을 족집게처럼 집어내 '마케팅의 노스트라다무스'라고 불리는 인물이다.

페이스 팝콘과 그의 동료 리스 마리골드는 공저 《클릭! 미래 속으로》를 통해 '유행이 아닌 트렌드를 읽어야 한다'고 강조한다. 또한 트렌드는 사람의 마음이 움직이는 방향이며, 적어도 10년간 지속된다는 점에서 일시적 유행과 다르다고 지적한다. 그렇다면 미래사회를 이끌 핵심 트렌드는 무엇인가?

그가 예측한 2000년대의 트렌드를 비즈니스 전략과 연계해서 짚어보면 다음과 같다.

● 코쿠닝Cocooning = 누에고치cocoon처럼 보호막 안에서 칩거하려는 현상이 나타난다. 예측 불가능한 현실보다 '가정 같은 환경'을 원한다.

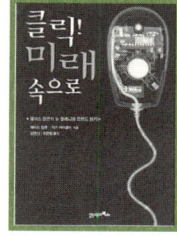

멘토북 돋보기

클릭! 미래 속으로 Clicking
페이스 팝콘 외 지음 | 조은정 외 옮김 | 21세기북스

마케팅 컨설턴트인 저자는 "사람의 마음이 움직이는 방향이며 적어도 10년간 지속되는 것이란 점에서 미래의 트렌드는 일시적 유행과 다르다"고 말한다. 이 책은 미래의 트렌드 17가지와 그와 관련된 사례, 그리고 비즈니스 아이디어 등을 정리해 담고 있다.

당연히 보안 · 경보시스템 산업이 각광받을 것이다.

- 유유상종 = 가치관과 신념이 비슷한 사람들과 어울려 안락함과 든든함을 느끼고 싶어한다. '사이버 로맨스', '퀼트(누비바느질)클럽' 등이 인기를 끌 것이다.

- 반항적 쾌락 = 규칙과 규제를 무시하고 제멋대로 살며 공공연히 금단의 열매 맛보기를 즐긴다. '체중계 부수기' 사업까지 가능하다.

- 작은 사치 = 일상에 짓눌린 사람들이 자신의 능력 범위 안에서 사치를 누림으로써 자기보상을 한다. '상류사회 빵', '이동식 미니온천 차량', '병 속에 눈 조각이 든 고급술' 등이 불티나게 팔린다.

- 개성 찾기 = 몰개성 시대에 소외감을 느낀 사람들은 독특한 맞춤 서비스를 찾는다. '60억 인구 중에 오직 하나뿐인 나를 표현하고 싶은 제품'이 날개 돋친 듯이 팔린다.

- 여성적 사고 = 여성의 사고와 행동방식이 비즈니스에 큰 영향을 미침에 따라 마케팅도 계급서열 모델로부터 인간관계 모델로 바뀌어간다. 리더십 또한 '부드러운 위력'으로 바뀐다.

- 행복 찾기 변신 = 스트레스로 인해 지친 사람들이 소박한 생활 속에서 진정한 행복을 찾는다. 화초농장, 마니아클럽 등을 찾는 사람이 많아진다.

- 젊어지기 = 천진난만하던 어린 시절을 그리워하면서 성인으로서의 굴레를 벗고 싶어한다. 젊음의 상징을 좋아한다. 중년놀이센터도 인기를 끌 것이다.

• 우상파괴 = 회의적으로 변해버린 사람들은 오랜 세월 인정받아 오던 정부, 유명인사, 협회 등 기념비적 존재들을 언제라도 무너뜨릴 수 있다. 우상파괴는 최고의 오락사업이다.

위와 같은 트렌드를 성공적인 비즈니스 전략으로 바꾸어주는 일은 지혜로운 독자의 몫이다. 20세기 경영의 대가 톰 피터스는 이 책을 보고 다음과 같이 평했다고 한다. "페이스 팝콘은 당신이나 나보다 훨씬 멀리 내다보고 더 명확하게 예견한다."

●　●　●

이대표의 얼굴에 미소가 번졌다. 생각할수록 직원들이 대견스러웠고 고마웠다. 그들은 조금씩이지만 스스로 변하고 있었다. 이미 회사는 성장의 발걸음을 내딛었고 그 숨은 저력이 조금씩 나타나고 있었다. 그는 직원들의 대학원 진학 지원 신청서를 검토하다, 눈을 감고 의자에 기대 여행지에 대해 고민했다.

이메이션코리아는 1999년 말, 전세계의 본사 법인들 가운데 최우수 법인으로 뽑혔다. 영업신장률 1위, 매출액 147억 원, 15억 원의 흑자. 그는 약속대로 전직원의 가족동반 해외여행을 추진했다. 본사에서는 난색을 표했다. 해외법인 어느 곳에서도 이러한 '보상'은 없었으며, 이제 겨우 첫 흑자를 낸 것 가지고 이처럼 과도한 인센티브를 제공하는 것은 형평성에도 맞지 않는다는 이유에서였다. 그러나 이대표는 물러서지 않았고 끊임없이 본사를 설득했다.

"정말로 힘든 상황에서 극적으로 올린 실적이다. 우리는 한국인이다. 결정적인 순간에 '불가사의한 괴력'을 발휘하며 절체절명의 위기를 천재일우의 기회로 바꾼 멤버들의 열정을 보라. 이에 대한 보답도 한국식으로 하는 게 옳다."

결국 본사에서는 현지화 전략의 독특한 사례가 될지 지켜보겠다면서 반신반의하는 태도로 오케이 사인을 보내왔다.

그는 에메랄드빛 바다와 꿈 같은 휴식을 머릿속에 그려보았다. 달콤한 피로감이 몰려들었다. 이제 2000년이었다.

아이디어 회의에 열중하는 직원들의 모습. 이메이션코리아 직원들은 기획회의와 사내 모임, 그리고 브레인스토밍을 수시로 갖는다. 회사가 어려움에 처했을 때 직원들이 함께 모여 토론하는 문화를 싹틔웠고 이 같은 노력 덕분에 좋은 결과를 일궈낼 수 있었다.

독서경영 10계명

4

함께 나눠라

《혼자만 잘살믄 무슨 재민겨?》란 책의 제목은 독서경영에도 고스란히 적용될 수 있다. 이메이션코리아 직원들은 회사에 두 번째 위기가 닥쳤을 때 어떻게 대응했을까? 그들은 마음맞는 사람들끼리 독서토론을 가짐으로써 서로에게 힘이 되어주었고, 회사에는 활력을 불어 넣었다. 커피를 마시며 나누는 책 얘기가 위대한 수다의 힘으로 연결되었다. 어려울 때 함께 나누는 지혜를 발휘하라.

그들을 일으켜 세운 한 권의 책

새로운 광맥을 찾아서

모든 것이 좋았다. Y2K 특수, 상승세를 타고 있는 매출 곡선, 4박 5일 간의 발리 여행…… . 모두가 발리에서 지낸 일들을 화제로 삼으며 즐거워했고, 연초의 들뜬 분위기는 2월까지 이어졌다.

그러나 전혀 생각지 못한 문제들이 불거져나오기 시작했다. Y2K 위기를 별 탈 없이 넘기자, 앞 다투어 백업장치를 구매했던 기업체나 기관들이 주문을 싹 끊어버린 것이다. 갑자기 재고가 쌓였다. 추가 주문과 신규 수요가 순식간에 정지되었다. 회사 상황은 고속도로를 전속력으로 달리던 자동차에서 바퀴가 빠져버린 듯한 형국이 되어가고 있었다.

그보다 더 심각한 문제는 과장급 중간 관리자들이 하나, 둘 회사를 떠나기 시작했다는 사실이다. 갑작스런 매출 감소에 당황하던 차였기에 조직이 크게 동요했다. 국내 기업에서 스카우트해 온 인력들이 한꺼번에 네 명씩이나 다른 업체로 자리를 옮기는 일도 생겼다. 이른바 Y2K 후폭풍이 몰아닥친 것이다.

회의시간, 이대표는 그날의 회의 안건을 모두 제쳐둔 채 한참 동안 직원들의 얼굴을 바라보았다. 긴장감이 흘렀다.

"유대리 나와서 이것 좀 읽어보세요."

유서형 대리는 수첩에 낙서를 끼적거리고 있다 깜짝 놀라 고개를 들었다. 이대표가 유대리에게 긴 글이 프린트된 A4지를 건넸다. 〈책마을 편지〉라는 칼럼이었다.

● ● ●

손 안에 들어온 물고기 한 마리를 놓칠 뻔했습니다. 다름 아닌 《펄떡이는 물고기처럼Fish!》이라는 책 말입니다.

그땐 시간에 쫓겨서 그냥 짤막하게 소개만 하고 넘어갔지요. 그런데 이 책이 놀라운 힘을 발휘한 것입니다. 국내 기업들이 앞 다퉈 조직 활성화 모델로 활용하기 시작했고 사장이나 직원들 모두 '물고기 철학'을 얘기하고 있습니다. 눈 밝지 못한 자신을 나무라며 책을 다시 펼쳤습니다. 그랬더니 노스웨스트항공 등 미국의 2000여 개 기업이 왜 이 책을 단체로 구입했는지 알 수 있었습니다.

얘기는 의외로 단순합니다. 시애틀 변두리 어시장에서 일어난 실화를 바탕으로 인생과 경영의 원리를 깨우쳐주지요. 짧지만 여운이 오래 남는 잠언처럼 재미와 감동을 느낄 수 있었습니다.

주인공은 남편을 잃고 혼자 가정을 꾸려가는 한 여성입니다. 그는 어렵게 얻은 새 직장에서 출근 첫날부터 문제투성이 부서를 떠맡고 난감해합니다-. 무기력에 빠진 조직원들을 어떻게 바꿀 수 있을까, 고민하던 그는 '파이크 플레이스 어시장'에 들렀다가 신선한 충격을 받습니다. 그곳에는 열정과 기쁨이 펄떡거리고 사람들의 표정에도 활기가 넘쳤습니다. 어시장 하면 지저분한 것을 먼저 떠올리게 마련이지요. 그곳 상인들 역시 반복되는 노동에 찌들어 있었고 매상도 신통찮았을 것입니다. 하지만 지금 이 어시장은 생선도 사고 놀이도 즐기면서 삶의 생기를 충전하려는 사람들로 발 디딜 틈이 없다고 합니다.

어떻기 그렇게 되었을까요? 그는 어시장의 변화를 주도했던 관리자를

멘토북 돋보기

펄떡이는 물고기처럼Fish!
스티븐 C. 런딘 외 지음 | 유영만 옮김 | 한언

권태로운 업무와 삶에 지친 직장인들과 침체된 분위기 때문에 고민하는 기업들에게 대안을 제시해 준다. 대부분의 직장인들이 느끼고는 있으나 입 밖으로 인정하고 내뱉기를 꺼려하는 문제에 스스로 무장해제하고 맞닥뜨려 해결책을 찾아보라고 격려한다.

만났습니다. 그리고 그의 인생과 회사의 장래를 바꿀 열쇠를 얻습니다. 그 비결이란 개인과 조직을 긍정적이고 쾌활한 사고로 바꾸는 것, 경쟁력의 근본을 '인간'에 두고 고객과 내부 구성원을 연결하는 서비스 등이었습니다.

우리는 날마다 10시간 이상을 직장에서 보냅니다. 일터가 즐겁지 않으면 인생 또한 불행하지요. 디지털 시대일수록 더 중요해지는 '감동경영'의 원천도 여기에 있습니다.

이 책은 자신의 삶과 회사에 생명을 불어 넣는 기법을 알려줍니다. 구체적인 방법으로 '나의 하루 선택하기', '놀이 찾기', '그들의 날을 만들어주기' 등도 들려주지요.

어부의 태도가 바뀌면 고깃배가 달라지고 드넓은 바다까지 달라보입니다. 우리는 모두가 삶의 망망대해에서 희망을 낚는 어부들 아닌가요? 오늘 당신의 가슴 속에는 어떤 물고기가 펄떡이고 있습니까?

● ● ●

"뒷장에 있는 것도."

이대표가 계속 읽으라는 손짓을 했다. 유대리는 테이블에 내려놓으려던 종이를 뒤집어보았다. 뒷장에도 빽빽하게 글이 프린트되어 있었다.

체코의 프라하 구 시청 건물에 커다란 벽시계가 하나 있습니다. 중세 장인이 만든 천체시계죠. 바탕에는 천동설天動說을 반영하듯 지구가 중심에 있고 파란색의 하늘이 둥근 지붕으로 덮여 있는 그림이 그려져 있습니다. 그 시계 바로 위에는 네 개의 인형이 매달려 있지요. 인형들은 양쪽에 두 개씩 있는데, 그 중 세 인형은 각각 거울, 주머니, 기타를 들고 있습니다. 나머지 하나는 아무것도 들지 않고 그냥 뼈만 남은 해골인형입니다. 재미있는 것은 매 시간마다 종소리가 울릴 때 이들 인형이 한꺼번에 움직이는 장면이지요.

먼저 해골인형이 아래위로 잘그락거립니다. 어차피 인간은 태어나는 순간부터 죽음을 향해 가는 것 아니냐, 이제 죽음이 가까워졌으니 떠날 준비를 하라고 재촉하는 거죠. 그러면 나머지 세 인형은 '아니야, 아니야' 하며 고개를 좌우로 흔듭니다.

'거울'은 아름다움과 사랑, '주머니'는 돈, '기타'는 음악과 즐거움을 상징합니다. 즉 이렇게 좋은 세상을 두고 왜 죽느냐는 것입니다.

저는 석양이 질 무렵 이 희한한 광경을 보았는데, 그 인형들이 마치 인생의 비밀을 여는 세 개의 열쇠 같다는 생각을 했습니다. 수많은 여행객들이 이 시계 앞으로 몰려들었지요. 그리고 저마다 온갖 상념에 사로잡혔습니다.

프라하를 찾는 관광객은 연간 수천만 명이나 된다고 합니다. 시계 하나

가 주는 삶의 은유가 얼마나 큰지 문득 숙연해지더군요. 그런데 놀랍게
도 어제 읽은 책 한 권이 저를 그때의 기억 속으로 빨려들게 했습니다. 다
름 아닌 《사명·돈·의미》라는 책입니다. 인간은 인생의 세 가지 열쇠,
즉 사명Mission, 돈Money, 의미Meaning를 조화시킬 줄 알아야 한다는 내용
을 담고 있었습니다.

이 책의 '3M'은 천체시계의 인형이나 우리들 삶의 열쇠와 참 많이 닮았
습니다. 저자는 '미너스 마이어 새 생명 클리닉' 창시자이며 미국 '올해
의 기업가상'을 받은 경영자입니다. 가난 때문에 어린 시절을 불행하게
보내야 했던 저자가 상처를 치유하는 과정은 감동을 선사합니다. 또한
절망을 희망의 뿌리로 바꾸는 모습이 인상적이더군요.

그는 인생에서 균형 잡힌 성공을 거두기 위해 우리가 지녀야 할 덕목, 즉
'뚜렷한 사명을 가질 것', '돈을 잘 벌고 관리할 줄 알 것', '삶의 의미를
제대로 깨우칠 것'을 여러 일화와 함께 들려줍니다. 이 세 가지 중에서
하나라도 잃으면 기우뚱거리고 만다는 거죠. 대부분의 성공한 사람은

멘토북 돋보기

사명 돈 의미
스테반 아터번 지음 | 김성웅 옮김 | 낮은울타리

이 책은 '사명', '돈', '의미' 사이에서 절묘하게 균형 잡는 법에 대해 서술
하고 있다. 이들 세 가지의 균형이야말로 삶의 가치를 더해주는 나침반 역할
을 한다. 하루하루를 성실하게 살아가고자 하는 이들에게 도움이 될 수 있는
멘토가 됨직하다.

'유년기부터 지녀온 결점과 상처를 극복하는 데 일생을 보낸다'든가, '다른 사람의 실수에서 배우지 않으면 우리가 그 실수를 저지른다'는 등의 수많은 조언이 이 책 속에 들어 있습니다.

돌아보면 정말 그렇습니다. 사명은 인생의 나침반이고 돈은 현실의 거름이며 의미는 꿈에 대한 보상이지요. 오늘은 프라하 구 시청 건물의 인형과 인생의 세 가지 열쇠를 '3M'이라는 화두로 새삼 되짚어보게 됩니다.

● ● ●

유대리의 낭독이 끝나자 이대표는 직원들에게 다음과 같은 질문을 던졌다.

"지금 우리에게 사명과 돈과 의미, 이 세 가지 요소는 무엇일까? 또 우리를 펄떡이게 하는 물고기는 무얼까?"

"……."

직원들이 꿀 먹은 벙어리처럼 이대표를 쳐다봤다.

"반짝하고 좋아졌던 회사가 다시 어려워졌네. 아까운 인재들이 떠나기도 했지. 하지만 우리가 누군가? 어려운 상황에서도 희망을 찾을 줄 아는 지혜의 선단 아닌가? 자리로 돌아가면 방금 들은 글의 내용을 다시 한번 곰곰이 되새겨보기 바라네. 오늘부터는 흔들리지 말자. 디스켓이 안 팔린다? 맞는 얘기야. 이제 디스켓은 저무는 시장이라는 걸 인정할 때가 된 거야. 대신 우리에겐 새로운 광맥이 CD-R이 있지 않은가? 앞으로는 여기에 집중하자. 다시 한번 지난해의 신화를 만들어보는 거야."

이대표는 이튿날 바로 CD-R 판매 전략을 수립하기 위한 팀을 만들어 가동시켰다. 물론 디스켓을 버리고 새로운 매체에 집중하는 전략에 대해 불안해 하는 실무자들도 있었다. 그러나 이대표는 시장의 향방이 이미 그쪽으로 정해졌다는 확신을 갖고 있었다. 1999년 말에 선보인 시제품의 반응도 좋았고, 이전에는 CD 레코더가 70만 원대의 고가물이라 보급률이 낮았으나, LG가 이 분야를 전략 사업으로 공표하면서 가격대가 20만 원대 이하로 하락할 조짐을 보이고 있었기에, 레코더의 보급률이 높아지면 CD-R의 수요가 많아지리라고 기대한 것이다.

직원들의 첫 독서토론

1주일 후. 이대표는 퇴근길에 젊은 직원 몇 사람이 회의실에 모여 있는 것을 발견했다. 최태호 대리와 유서형 대리, 이신우와 기획팀 여직원 둘이었다. 그는 조용히 문 뒤에서 그들이 무슨 얘기를 나누는지 들어보았다.

이신우가 말했다.

"《디지털 다윈이즘Digital Darwinism》은 웹 비즈니스의 시장구조를 다윈의 진화론과 연계시킨 책입니다. 《웹 경제학》으로 아마존 베스트셀러 1위를 차지했던 저자가 다윈의 '모든 생물체는 관계의 복잡한 망 속에서 서로 연결되어 있다' 는 주장을 월드와이드웹www의 세계와 접목한 것이죠. 저자는 '웹 경제가 이미 단세포 생명체를 위한 습지 단계에서 벗어나 진화를 계속하고 있다' 면서 웹 비즈니스에서 성공할 수 있는 미래 전략을 제시하고 있습니다. 변하는 환경에 적응하지 못하면 멸종한다는 적자생존의 법칙이 인터넷에서도 그대로 적용된다는 말입니다."

이대표는 흐뭇한 미소를 지으며 고개를 끄덕였다. 웹 비즈니스 성공 전략을 다룬 책들을 읽고 토론을 하고 있는 모양이었다.

"아까 나눠드린 프린트물은 저자가 강조한 '웹 경제의 생존 전략' 일곱 가지를 요약한 것입니다. 그걸 보시면서 제 설명을 들어주세요."

이신우는 잠깐 말을 멈추었다가 다시 빠르게 설명하기 시작했다.

"웹 경제의 생존 전략을 몇 가지 얘기하자면 이렇습니다. 먼저 파

멘토북 돋보기

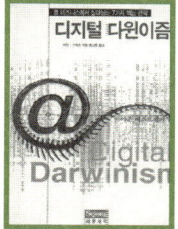

디지털 다윈이즘 Digital Darwinism
에번 I. 슈워츠 지음 | 형선호 옮김 | 세종서적

〈웹 경제학〉으로 전세계 웹 마케터에게 커다란 반향을 일으킨 바 있는 에번 I. 슈워츠의 역작이다. 적자생존의 원칙이 지배하는 웹 경제 속에서 성공과 실패를 판가름하는 요인과 7가지 핵심 전략을 기술하고 있다.

트너 마케팅을 주시하라는 말이 있습니다. 웹에서 혼자 브랜드를 만들거나 단독 마케팅을 할 수는 없죠. 그래서 파트너가 필요합니다. 파트너와 제품을 팔고 사이버 공간의 구석구석까지 마케팅 메시지를 퍼뜨리는 것이죠. 그러면 네트워크를 이용해 전세계 공장들로 이전시키는 것이 가능합니다. 네트워크 생산의 활성화를 말함인데요, 특정 부품의 조립이나 그 밖의 일들을 전문회사들에 맡기는 것을 의미합니다. 이러한 것들은 모두 웹 사업이 중요하기 때문입니다. 그래서 웹 사업을 진행할 때는 운영하는 사람들을 회사의 다른 부분과 긴밀하게 연결해서 궁극적으로 모든 것을 웹과 통합해야 합니다. 이러한 통합 과정들은 인터넷이 관련 시장에 혁명적인 변화를 가져올 때 그 사실을 인식하고 활용할 수 있는 역할을 합니다. 이 책에는 변화에 휩쓸리기 전에 적극적으로 변화를 주도하라는 말이 나옵니다. 웹 경제에서 살아남는다는 것은 결코 쉬운 일이 아닙니다. 그렇기 때문에 미래 전략에서 전자생존이라는 네 글자가 의미를 가진다고 봅니다. 이상입니다.”

부스럭부스럭 프린트물 넘기는 소리가 났다. 침묵이 길어지려고 하자 그제야 생각났다는 듯 최태호 대리가 능글맞은 말투로 발표를 이어나갔다.

“이거 원. 사실 전 독서를 그다지 즐기는 편이 아니라⋯⋯. 이신우 씨 덕분에 겨우겨우 읽기는 했습니다만. 흐음. 제가 읽은 책은 《인터넷 비즈니스 성공의 구조》입니다. 에⋯⋯. 미국 인터넷 비즈니스의 성공 사례와 수익구조를 분석한 책인데……. 온라인 커뮤니티, 온라인 경매, 기업 간 거래중개, 온라인 택배 등 일곱 가지 영역의 41개 사이트를 구체적으로 살핀 것입니다. 개인이 독창적인 아이디어로 만든 것이나 소규모 기업의 웹 성공 사례를 많이 포함했다는 것이 특징일 수 있겠네요. 저자는 몇 백만 개나 되는 온라인 쇼핑몰에 올라온 다양한 상품을 한곳에서 비교, 검토할 수 있도록 하는 '컴페어넷'이나 '바이어스 존'과 같은 사이트를 통해 인터넷 비즈니스의 유통 혁명과 틈새 시장, 중간 업자의 등장을 설명하고 있습니다. 그리고……. 그가 정리한 미국 벤처기업의 인터넷 비즈니스 성공 법칙이 있습니다."

최대리는 프린트물을 뒤적거리면서 요약 부분을 찾으려고 애썼다.

"아, 예……. 이제야 찾았네요. 인터넷 비즈니스의 성공법칙은 우선 사는 쪽과 파는 쪽 쌍방에 이익이 되는 구조성립, 콘텐츠, 커머스, 커뮤니티 등 3C의 주목, 단골고객이 늘어날 수 있는 상황 설정, 좀더 손쉬운 참여, 네트워크의 확대, 디지털 브랜드 전략의 조기확립 등 여러 가지가 있습니다. 특히 미국 벤처기업을 통해 인터넷 비즈니스 성공 법칙을 꼽아봤다는 것이 이 책의 매력이라고 생각합니다."

"자, 자."

이대표가 손뼉을 치며 회의실 안으로 들어갔다. 그들은 대표의 갑작스런 등장에 어안이 벙벙해졌다.

"다들 수고가 많네. 얌전히 뒤에 앉아서 귀동냥이나 하고 있을 테니 신경 쓰지 말고 계속 해."

"다 끝났습니다."

최대리가 머쓱하게 대꾸했다.

"이거 언제 생긴 모임인가?"

이대표의 질문에 유서형 대리가 대답했다.

"원래는 영어공부 모임인데 지금과 같은 시기에 뭔가 해보자는 생각에서 독서토론을 해봤습니다."

"그래, 해보니까 어때?"

이신우가 씩씩한 목소리로 대답했다.

"저나 최대리님, 유대리님은 다들 신세대 쪽이죠. 인터넷은 잘 다루는 편입니다. 그런데도 그저 막연하게 생각했던 인터넷 비즈니스에 대한 이해의 폭을 넓힌 것 같습니다."

"인터넷은 우리가 CD-R 사업을 하면서 주목하지 않을 수 없는 요소지. 거기에 주목하면서 비즈니스에 관해 고민하다 보면 우리 실력으로 완성한 인터넷이나 컴퓨터 관련제품도 나올 수 있을 거야."

다들 진지하게 경청하는 분위기였다. 좌우를 둘러보던 이대표는 쾌활한 목소리로 말했다.

"그럼 다들 토론하느라 수고했을 테니 내가 차라도 한 잔 사지. 모두 함께 나가자고."

카페에서도 토론ing

그들은 보충수업이 끝난 학생들처럼 화기애애한 모습으로 회사를 나섰다. 기획팀 여직원이 근처에 있는 스타벅스를 가리켰다.

"저곳 어때요?"

"오케이!"

이대표와 그 일당은 젊은이들로 북적대는 그곳으로 들어가 부산스럽게 자리를 잡았다.

"별다방이 어떻게 성공했는지 아시는 분?"

주문한 커피를 가져온 유서형 대리가 자리에 앉으며 물었다. 별다방은 '스타벅스'를 한국식으로 눙쳐 부르는 말이었다.

이대표가 입을 열었다.

"커피 애호가는 아니지만 스타벅스에 대해서는 내가 좀 알지. 단 한 개의 소대점에서 출발해 10년 만에 세계 커피 시장을 완전히 제패한 브랜드 아닌가?"

스타벅스를 만든 하워드 슐츠Howard Schultz 회장은 1953년 뉴욕 브루클린의 빈민가에서 태어난 유대인이다. 그는 무력한 아버지와 마찰을 빚고 사람들에게 무시당하면서 비참한 성장기를 보냈지만, 의지력이 강하고 자녀에 대한 기대가 컸던 어머니의 헌신과 노력 덕분에 자수성가의 꿈을 마음에 품었다. 그리고 1975년 노던 미시간 대학교에서 비즈니스 학사학위를 받고 제록스에서 3년간 세일즈와 마케팅 분야에서 일하며 세일즈맨으로서 인정을 받았다고 한다. 훗날 가정용품을 생산하는 스웨덴 회사 해마플라스트에서도 관리와 마케팅 능력을 인정받아 부회장 겸 총지배인이 되었다.

"커피와는 거리가 먼 사람 같은데 어쩌다가 스타벅스 회장이 됐나요?"

기획팀 여직원이 고개를 갸웃하더니 이대표에게 질문을 던졌다.

"지금의 스타벅스를 구상했던 건 아니고 ……. 따지고 보면, 우연한 기회에 알게 된 스타벅스의 커피 맛과 배전방식에 반해서 그렇게 된 건데……. 해마플라스트 부회장 자리를 박차고 나간 하워드 슐츠는 4개 지점밖에 없던 커피회사 스타벅스에 마케팅 책임자로 합류했지. 그리고 1983년, 이탈리아로 출장을 갔다가 안락한 휴식공간에서 뛰어난 맛의 에스프레소를 서빙하는 바를 발견하지. 지금의 스타벅스를 구상한 건 그 시점이 아닐까 싶네. 어쨌거나 그곳에서 깊은 인상을 받은 그는 이를 스타벅스에 도입하기 위해 무던히도 경영진을 설득했

스타벅스, 커피 한잔에 담긴 성공신화 Pour Your Heart into it
하워드 슐츠 지음 | 홍순명 옮김 | 김영사

가난했지만 단란했던 유년 시절부터 빈민가에서 최고의 경영자로 성공하기까지의 과정, 인간 중심의 경영방식 등을 솔직히 밝히고 있다. 한 개의 소매점에서 출발해 10년 만에 세계 커피 시장을 제패하고 최고의 커피 브랜드로 자리잡은 스타벅스의 위력적인 브랜드 마케팅이 소개되어 있다.

지. 하지만 레스토랑처럼 앉아서 커피를 먹게 하는 것을 원치 않던 그들을 설득하는 데는 한계가 있었네. 그는 과감히 스타벅스와의 결별을 선언했지."

스타벅스를 떠난 하워드 슐츠는 1986년, 이탈리안 스타일의 에스프레소 바인 '일 지오날레'를 열고 자신이 원하는 형식의 고급 커피점 사장으로 변신한다. '일 지오날레'의 성공에 힘입은 그는 결국 1987년 8월 스타벅스를 인수해 회장 겸 최고경영자로 화려하게 복귀한다.

"그는 고급 커피를 마시며 편안한 장소에서 휴식을 취하고 싶은 사람들의 욕구를 간파함으로써 '커피를 재발견'한 거야. 진부하고 지겨우며 너무도 평범한 상품인 기존의 커피를 풍미 있는 고급 커피 이미지로 바꾸고, 사람들이 로맨스와 정서적 공감을 함께 나누며 어울릴 수 있는 분위기를 창출해 냈지."

스타벅스는 종업원들에게 고객 친화 세일즈 기법을 가르치고 고객들에게 커피 관련 정보를 제공하면서 고급 커피를 즐기는 소수 애호가 외의 고객까지 확보하는 방법을 찾아내기에 이른다. 또 다양한 훈련 프로그램을 개발하고 상품홍보보다 직원교육에 더 많은 비용을 지출했는데, 24시간짜리 교육프로그램은 모든 신입사원이 이수해야 하는 필수 과정이었다.

"그는 손님들이 직접 커피 냄새를 맡거나 맛보도록 배려하면서 그에 맞는 고품질 정책을 펼쳤지. 게다가 커피를 추출하는 과정부터 판매하는 단계까지 모든 것을 직접 관리하기 위해 프랜차이징 방식을 도입하지 않고 직영 스토어만을 운영했지. 커피에 인공적인 향을 첨가하지 않은 이유도 고급 커피의 맛과 향을 화학물질로 망가뜨리지 않겠다는 신념이랄까? 스타벅스 커피를 슈퍼마켓에서 팔지 않은 것도 같은 이유에서였어. 상할 우려가 있으니까."

"사장님도《스타벅스, 커피 한잔에 담긴 성공신화 Pour Your Heart into it》를 읽으셨나보군요?"

유서형 대리가 조심스럽게 끼어들었다.

"아이쿠, 첨단 CD-R 앞에서 구석기 디스켓이 뭣도 모르고 주름잡았네. 젊은 친구들한테 잘난 척 좀 하려고 했더니. 흐흐."

"아뇨. 그런 게 아니라. 호호. 실은 사장님 말씀을 듣다보니 생각나는 얘기가 있어서요."

"어떤?"

"그가 가진 사회 공동체에 대한 생각이요. 가난한 아버지에 대한 기억 때문인지 남들보다 약한 사람들을 이해하려는 마음이 좀더 큰 사람이 아니었나 싶어요. 직원들을 기계부품처럼 다루는 게 아니라 한 인간으로서 존경하며 대한 것이죠. 스타벅스는 파트타임 사원들에게도 의료보험을 제공하고 남다른 사원복지제도를 펴면서 직원들이 정서적 일체감을 갖도록 신경 썼잖아요."

"그렇지! 또한 환경친화적인 기업을 만들려는 노력도 높이 살 만해. 자연은 후손들로부터 빌려 쓰는 거라는 말도 있잖은가. 사실 환경을 생각하는 태도는 동시대인들은 물론 후손을 위해서도 기업들이 결코

외면해선 안 될 요소지. 각 지역 스타벅스 관리인들로 구성된 '그린
팀'이나 새로운 컵을 개발하기 위해 여러 부서가 모여 만든 '한컵팀'과
같은 것이 그러한 노력의 산물이라 할 수 있지. 그 책 마지막 장 제목
이 '성공은 나누어 가질 때 가장 달콤하다'였던가? 스타벅스의 직원
들과 주주들이 사회와 관계 맺는 모습을 단적으로 보여주는 제목이
아닌가 싶더라고."

커피를 마시며 한 시간이 넘게 수다를 떤 그들은 어느 정도 가벼워
진 마음으로 스타벅스에서 나왔다.

책에서 찾아낸 디지털 시대의 해법

집으로 돌아간 이대표는 서재에 앉아 지난밤에 쓴 원고를 다시 한번
찬찬히 읽어보았다. 자신의 디지털관과 스타벅스의 인본주의적 기업
관이 어느 정도 통하는 데가 있다고 생각했다.

● ● ●

우리 시대의 수많은 화두 중에서 요즘 가장 크게 부각되고 있는 것 중의
하나가 '디지털'이다. 각종 전기·전자제품에서부터 광고나 영상 산업
에 이르기까지 디지털은 어느새 우리 곁에 성큼 다가와 있다. 디지털에

대해 진작부터 주목하고 있던 내가 항상 아쉽게 생각한 점은, 디지털에 대한 기능적 이해를 제공하는 데에서 그치지 않고, 좀더 근본적인 수준에서의 디지털 변화들에 대한 포괄적 논의를 제시하는 책을 접하기 어려웠다는 것이다.

그런데 얼마 전 이러한 나의 갈증을 풀어줄 만한 책을 만나게 되었다. 다름 아닌 정진홍 교수의 《아톰@비트》다. 신문에 실린 '디지털 리더의 7가지 덕목'이라는 제목의 글을 매우 인상 깊게 읽은 나는 본격적으로 그 책을 읽어보고 싶었다.

이 책은 내가 원하던 것, 즉 기능으로서의 디지털에 대한 단편적인 설명이 아니라, 디지털 시대에 대한 철학적·문화적 측면에서의 '분석'을 전체적인 흐름으로 제시하고 있다. 21개의 장으로 이루어진 이 책은, 각 부분의 얼개들이 꼼꼼하고 논리정연하게 짜여진 정통적인 구성을 보여주기보다는, 우리 삶에서 흔히 볼 수 있는 여러 가지 테마들을 자유롭게 넘나들면서 자신의 논지를 하나씩 펼쳐낸다.

멘토북 돋보기

아톰@비트
정진홍 지음 | 푸른숲

속도가 미덕이 되고 모든 것이 똑같이 복제되어 차이가 없어진 시대에 던지는 21편의 메시지. 미디어 이론가인 저자의 자유로운 사색이 담긴 에세이집으로, 디지털화되고 유저 중심적인 현대 사회의 조망을 통해 새로운 세기의 문화를 설명하고 있다.

제목인 《아톰@비트》는 밀레니엄 컬처의 특성을 그대로 표현하는 말이다. 아톰 영역과 비트 영역의 결합, 즉 디지털화를 의미함과 동시에 인간의 오감에 접근하는 디지털화된 멀티미디어 네트워킹으로 형성되는 퍼포먼스의 관계망을 가리킨다.

이러한 관계망은 과거에 존재했던 그 어떤 체계보다 개별 요소들의 차이를 존중해 주고 살려주는 네트워크다. 그 속에 담긴 인간의 삶의 모든 부분들—인간을 감싸주고 있는 태반으로서의 지구에서부터 국가, 지식, 돈, 학교, 몸, 시간, 공간, 일, 전쟁에 이르기까지—은 결국 변화의 길에 내맡겨지게 되었다. 우리는 이 같은 변화의 흐름 속에서 그 변화를 두려워할 게 아니라 그 변화와 함께 유희해야 한다.

●　●　●

그는 책 사이에 끼워놓은 메모를 끄집어냈다.

- '휴먼비잉human being은 비잉디지털being digital이 되어가고 있다.'
- '테크놀로지Technology와 기술Technic은 다르다. 14세기 이전에 중국이 내놓았던 것은 하나의 기술이었지, 그것이 그 사회의 조직logic과 결합한 테크놀로지는 아니었다.'
- '멀티미디어 복합체로서의 인간.'
- '속도가 가치를 만든다.'

- '가치는 속도에서 나온다.'
- '시간이 변한다. 시간이 새로운 자본으로 등장할 것이다.'

"결국 디지털 시대의 리더란 시간에 쫓기는 리더가 아니라 시간을 지배하는 리더며, 속도에 흐름을 뺏기는 것이 아니라 속도를 오히려 즐길 줄 아는 이로군."

이 대표가 CD-R 사업을 중점적으로 진행하는 데 있어서 디지털 시대는 절대로 남의 일이 될 수 없었다.

이윽고 그는 원고를 내려놓으며 중얼거렸다.

'그래! 흐름을 빼앗기지 말자. 오히려 지금 흐름을 즐기며 추진하는 거야.'

2000년 말. CD-R 판매에 집중하기로 한 전략은 보기 좋게 들어맞았다. 예상대로 CD-R 수요가 급증했고, 급기야 연말에는 30만 장이라는 판매기록을 돌파하기에 이르렀다. 회사의 총 매출액도 160억 원을 넘어섰다. 직원들이 자기발로 회사를 뛰쳐나간 연초의 분위기에서는 예상치 못한, Y2K 특수만큼이나 폭발적인 판매실적이었다.

책 읽는 이메이션 직원의 모습. 소비자의 심리를 파악하는 데에 책보다 좋은 게 없다고 생각하는 이메이션 직원들은 틈틈이 책을 읽는다. 책을 좋아하는 사람은 영화, 연극, 음악 등 문화 활동을 더 즐기게 마련이다. 이런 활동들이 회사 생활을 더욱 즐겁게 만든다.

독서경영 10계명

5

멀리 보라

책은 과거의 등과 현재의 가슴, 미래의 눈을 가진 생명체다. 《르네상스를 만든 사람들》에서 새로운 지혜를 배우고, 《유쾌한 이노베이션》에서 획기적인 '창조룸'의 아이디어를 얻으며, 《잭 웰치 : 끝없는 도전과 용기》에서 지침을 발견하는 모습이 전개된다. 책 속에 담긴 가치와 트렌드의 흐름을 깨닫고 이를 실생활에 활용한다면 분명 놀라운 일이 벌어질 것이다.

책장 속의 글자를 현실로

책 읽는 CEO

"올해에도 대박내고 앙코르와트로 떠나는 거야!"

주먹을 불끈 쥔 이장우 대표는, 2000년의 상승 무드를 계속 이어가 2001년 매출을 200억 원대로 올려놓자고 힘주어 말했다.

"이대로만 하면 3월쯤에 CD-R 판매 100만 장 돌파 기록을 세울 수 있을 것이다. 우리가 정한 방향은 명확하다. 모두 심기일전해서 우리의 저력을 다시 한번 보여주자."

이근수 차장은 바짝 긴장해 있는 직원들에게 연중 프로모션 전략과 길거리 마케팅이라는 대안을 제시했다. 모험을 동반한 저돌적인 성장을 추구하기보다는 성취한 바를 누리며 상승세를 유지할 때라는 판단에서였다.

　회의를 끝낸 이대표는 이동하면서 읽을 책들을 가방에 넣고 부랴부랴 자리에서 일어섰다. 회의가 지체돼 공항까지 갈 시간이 빠듯했다. 새로운 세기의 첫 미국 본사 출장이었다.

　그가 비행기 안에서 펼쳐든 책은 《경호!Gung Ho (영문판)》였다.

　"무슨 책을 읽고 계신가요?"

　옆자리에 앉은 미국인 여자가 이대표에게 말을 건넸다. 그는 그녀에게 책표지를 보여주었다.

　"Gung Ho?"

　"중국어인 '궁허 工和'에서 나온 말입니다. '파이팅'과 같은 일종의 구호지요. 제2차 세계대전 당시 미국 해병 특공대의 활약을 다룬 영화 때문에 유명해진 용언데……. 부시 대통령 당선 때 선거 참모들도 '경호'를 외쳤다고……."

　"아하! 책은 어떤 내용이죠? 다 읽으셨나요?"

　이대표는 고개를 끄덕이며 그녀에게 책을 건넸다.

　"침몰 직전의 회사를 감동적으로 회생시킨 여성 경영인의 실화입니다. 〈포춘Fortune〉 선정 500대 기업이 너도나도 벤치마킹하고 있는 경영학 교과서이기도 하죠. 2000년 미국 최고의 산업교육프로그램으로 선정돼 화제를 모으기도 했다는데……."

　"그렇군요."

"대강의 내용은 이렇습니다."

다 쓰러져가는 월튼 제2공장의 책임자로 발령받은 페기 싱클레어는 출근 첫날부터 완벽한 절망에 사로잡힌다. 사장이 크리스마스 때까지 공장을 정상궤도에 올려놓지 못하면 문을 닫겠다고 엄포를 놓았는데, 무사안일의 늪에 빠진 공장은 허우적댈 생각조차 하지 않고 있었다.

"공장을 어떻게 살릴까 고민하던 그녀는 유독 출하부서 한 군데만은 잘 돌아가고 있다는 사실을 발견하게 됩니다. 부서 관리자인 앤디는 인디언 핏줄로 MBA까지 마친 인물이었는데, 그녀는 앤디로부터 경호의 세 가지 비결을 배우죠. 그것은 '다람쥐의 정신', '비버의 방식', '기러기의 선물'이었습니다."

페기는 앤디를 따라 숲으로 간다. 그리고 다람쥐들이 쉬지 않고 먹이를 굴어 나르는 모습을 관찰하다 그 모습 안에 단순히 씨앗을

멘토북 돋보기

경호!Gung Ho!
켄 블랜차드 지음 | 조천제 외 옮김 | 21세기북스

침몰 직전의 회사가 회생하는 과정을 다룬 이야기. 조직에 열정을 불러일으키고 생산성을 향상시키며 놀랄 만한 실적을 가져다 줄 혁명적인 노하우와 테크닉을 다람쥐, 비버, 기러기의 생존 방식에 비유해 감동적으로 설명한다.

나르는 것 이상의 의미가 있다는 걸 배운다. 바로 생존이다. 다람쥐들에게는 그 일의 가치만큼 중요한 동기가 부여되어 있었다. 그녀는 돌아오자마자 팀원들에게 업무의 가치와 다람쥐의 정신을 일깨워준다.

2주일 뒤. 큰 비가 내린 후 페기와 앤디는 숲 속의 연못으로 간다. 비버들은 부서진 댐을 보수하는 데 여념이 없었다. 아무런 지시가 없어도 스스로 판단하고 실행하는 비버들을 보며 페기는 팀원들을 의사결정 과정에 참여시키기로 마음먹는다.

그로부터 두 달이 지난 어느 날, 페기는 앤디와 함께 늪지대로 가 기러기의 선물에 대해 배운다. 페기는 가슴이 뜨거워짐을 느낀다. 기러기 무리는 하룻동안 수백 킬로미터를 비행하면서 끊임없이 서로를 격려하는데, 이때 이들이 내는 울음소리가 적의 공격에 대비하는 비상 신호와 다르다는 사실을 깨닫는다. 해마다 수천 킬로미터를 이동하는 철새 떼의 공조 시스템. 그것이 세 번째 비결이었다. 이 세 가지 비결을 도입한 월튼 제2공장은 마침내 회생하기 시작한다.

"일에 대한 열정을 아인슈타인의 상대성이론 공식 $E=mc^2$으로 설명한 대목이 특히 재미있었습니다. 열정Enthusiasm은 임무Mission와 돈Cash, 그리고 격려Congratulation에 비례해 증가한다는 것이죠. 월튼 제2공장은 결국 흑자로 돌아섰고 백악관에서 '최우수 작업장' 상까지 받았습니다."

100

그녀는 흥미롭다는 듯이 '오우!'를 연발하며 책장을 사르르 넘겼다.

"이건……?"

그녀가 지적한 곳은 볼펜으로 밑줄을 그어놓은 문장이었다.

"나무로 배를 만들 수는 있지만 배가 의미를 갖기 위해서는 급류가 필요하다……. 를 말씀하시는 건가요? 좋은 말이죠. 특히 가치 있는 일, 자율적 업무 추진, 서로간의 격려를 기반으로 회사 발전에 도움이 될 만한 것에 대해 생각하게 되었죠. 그 문장은 그때마다 여러 번 곱씹어보던 말입니다.

"아하……."

이대표가 그녀의 무릎에 놓인 책을 발견한 것은 바로 그때였다.

"이 책은?"

톰 켈리의 《유쾌한 이노베이션The Art of Innovation(영문판)》이었다. 이대표는 떨리는 손으로 그녀가 건네는 책을 받아들었다.

"톰 켈리 아세요?"

"IDEO 설립자 겸 회장인 데이비르 켈리의 동생. IDEO 대표이사. 네 명의 디자이너에서 출발한 회사를 300명의 인재를 거느린 세계 최고의 디자인 기업으로 성장시킨 경영인……."

"잘 알고 계시네요."

"물론이죠……."

두 사람은 경유지인 밴쿠버 공항에 도착할 때까지 이노베이션에 관해 입이 아프도록 떠들었다.

"실례가 안 된다면 그 책, 제가 사고 싶은데요."

"예?"

"평소에 꼭 읽고 싶던 책이라……."

그녀는 한참을 고민하다 이대표에게 책을 넘겼다.

"좋아요. 책은 제가 드릴게요. 단, 당신이 읽던 책을 주세요. 서로 교환하죠."

이대표는 속으로 쾌재를 불렀다.

"한국에서 만나게 되면 식사 대접이라도 하겠습니다."

그녀와 작별의 인사를 나눈 그는 택시를 타고 미리 잡아둔 호텔로 향했다. 객실에 짐을 풀고 레스토랑에서 간단하게 끼니를 해결한 뒤 커피를 마시며 톰 켈리의 책을 읽었다. 예감이 좋았다. 암흑 속에 한 줄기 서광이 비추는 듯한 느낌이었다.

손가락으로 딱, 소리를 낸 그는 볼펜을 꺼내 '이노베이션의 세 가지 기본 도구'에 밑줄을 쳤다.

멘토북 돋보기

유쾌한 이노베이션 The Art of Innovation
톰 켈리, 조너던 리트맨 지음 | 이종인 옮김 | 세종서적

디자인 기업 IDEO가 실제 산업 현장에서 체험한 이노베이션 사례를 이론적인 주제로 녹여내어 독자들이 이노베이션의 밑그림을 그릴 수 있도록 해준다. 이노베이션의 세 가지 기본 도구, 이노베이션 문화를 뿌리내리기 위한 방안, 이노베이션을 이끄는 작은 요인 등을 담고 있다.

'성실한 관찰, 열정적인 브레인스토밍, 신속한 프로토타이핑.'

IDEO는 P&G가 의뢰한 어린이용 칫솔 프로젝트를 수행하면서 어린이들이 주먹을 쥐듯이 칫솔을 잡는다는 사실을 알아냈다. 그리고 그 관찰에 의해 어른용 칫솔보다 손잡이 부분이 훨씬 굵은 칫솔을 만들 수 있었다.

이대표는 노트를 펼쳐놓고 빠른 속도로 메모했다.

엄청난 이노베이션 성과의 바탕은 작지만 성실하고 정밀한 관찰에서 비롯된 경우가 많다. 눈을 크게 뜨고 사물을 주의 깊게 관찰하면 숨어 있는 혁신의 가능성이 눈앞에 펼쳐진다.

미국 경영자의 70%가 브레인스토밍을 실시한다지만, 그들의 76%는 브레인스토밍 횟수가 한 달에 한 번도 채 안 된다고 답한다. 브레인스토밍의 문제는, 기업들이 브레인스토밍을 너무 쉽게 생각한다는 점이다. 그러나 IDEO 사람들은 브레인스토밍도 연습이 필요하고, 잘할 수 있는 방법이 있다고 믿는다.

브레인스토밍도 연습이 필요하다.

IDEO에서는 제품을 개발하면서 끊임없이 프로토타입(원형, 시제품을 뜻함)을 만든다. 머릿속에 붕붕 떠다니는 아이디어를 구체화하기 위해서다. 이는 이노베이션 과정을 전진시키는 동력으로 작용한다.

이노베이션 과정의 중요한 커뮤니케이션 도구.

이윽고 이대표는 책을 덮었다. 평소 자신이 생각하고 있던 혁신의 내용과 책에서 전하는 내용이 상당 부분 일치했다. 잠시 생각을 정리하고 싶었다. 그는 계속해서 책을 읽어나갔다.

이노베이션 문화를 뿌리내리는 방법, 그 중에서도 '열정팀'을 만드는 대목에서 그의 눈길이 멈추었다. 팀은 IDEO가 일하는 방식의 핵심이다. IDEO 사람들은 최고의 프로젝트와 제품은 언제나 최고의 팀이 만들어낸 결과라고 믿는다.

그렇다면 모래알 같은 개인들을 창의력을 지닌 팀으로 묶어내고 그들에게 도전 정신과 동기를 불러일으키게 하는 요인은 무엇일까? 이에 대해 저자는 '열정'이라고 답한다. IDEO에서는 직원들에게 열정을 불어 넣기 위해 끊임없이 새로운 도전 과제를 제시한다. 또한 서로 협력해 문제를 해결할 수 있도록 팀을 구성한다. 이 같은 열정팀 문화가 촉박한 마감 시한과 힘겨운 도전 과제를 이겨내도록 만들고 이노베이션을 이끌어낸다는 것이다.

이노베이션은 진공 상태에서 일어나는 게 아니다. 이노베이션은 반드시 팀을 필요로 하며, 팀은 성장하고 번영할 공간이 필요하다. 그러나 대부분의 기업들은 이노베이션과 사무 환경 사이의 상관관계를 무시해 왔다. 하지만 이노베이션을 위해서는 우수한 인재를 뽑는 것으로, 또 최고의 테크놀로지를 갖추는 것만으로는 충분치 않다. 공간의 가치를 이해하고 중시하는 문화를 수용해야 한다. 직원들을 조직의 부속품이 아니라 인격체로 대접함과 동시에 그들이 마음 편히 일할 수 있는 공간을 만들어줘야 한다.

IDEO에서는 회사의 가장 전망 좋은 공간을 '전망대Lookout'로 이름 붙이고, 모든 직원이 이용하는 카페·자료실·회의실로 꾸몄다. 가장 전망이 좋은 자리를 CEO가 아닌 모든 직원이 차지했다는 얘기다.

'유쾌한 이노베이션은 유쾌한 일터에서 나온다.'

이대표는 신선한 충격을 받았다. 공간의 변화가 혁신의 시작이라는 것은 그도 생각지 못한 것이었다. 저자는 '이노베이션을 이끄는 작은 요인들을 이해하라'고 조언한다. 이노베이션은 계획만으로 이루어지는 것이 아니며 때로는 뜻하지 않은 우연이 상상하지 못한 통찰을 안겨주기도 한다는 얘기다. 그는 다시 볼펜을 들어 메모했다.

우연은 단련된 정신에게 찾아들며, 용감한 탐구자에게만 그 모습을 드러 낸다.

창조룸의 탄생

일정을 마치고 귀국한 이장우 대표는 직원들보다 1시간 일찍 출근해 책의 나머지 부분을 읽어 내려갔다.

'디자인, 디자인……. 기본에 강한 단순한 디자인.'

IDEO는 1982년, 애플의 첫 번째 마우스를 디자인할 때, 고심을 거듭한 끝에 버튼 하나만 만들기로 결정했다. 마우스라는 물건을 처음 사용하는 사람들에게 버튼을 두 개나 누르게 하는 것은 지나친 요구라는 판단에서였다.

'기업들은 흔히 제품에 더 많은 기능을 넣는 데 집착한다. 그러다 보면 사용자가 이해하기 어렵고 사용하기 불편한데다가 고장까지 잘 나는 애물단지 제품이 만들어진다.'

이대표는 다시 노트를 펼치고 펜을 들었다.

- 충실한 기본 기능과 단순하고 직관적인 디자인도 이노베이션의 중요한 요소.
- 이노베이션의 세계는 본질적으로 미래 지향적이다. 이노베이션을 이뤄내려면 눈과 마음을 미래로 돌려야 한다.
- 10년 앞을 내다보고 미래의 비전을 갖게 할 것.
- 이노베이션은 진공 상태에서 일어나는 게 아니다. 따라서 도전 정신을 불러일으키는 경쟁 상황이 있어야 한다. 경쟁을 통해서만 이노베이션

의 정신을 몸에 익힐 수 있다.

● 경쟁을 즐기고 실수를 두려워하지 않는 미덕.

그는 눈을 감고 깊은 생각에 빠져들었다.

'이노베이션 과정은 스윙 동작을 익히는 것과 같다. 같은 동작을 수십 번 수백 번 연습해야 한다. 이노베이션은 처음부터 완벽을 지향하는 게 아니다. 아름다운 스윙을 익히기 위해서는 반드시 여러 번의 헛손질, 즉 연습이 필요하다.'

"헛스윙을 두려워한다면 결코 홈런을 칠 수 없지."

"예?"

박진욱 과장이었다.

"혁신을 위해서는 혁신을 위한 연습이 필요하고 연습을 하려면 당연히 공간이 있어야 해."

결재서류를 들고 서 있던 박과장은 알 수 없다는 표정을 지었다.

"아, 아닐세. 참 박과장. 내가 이 책을 읽고 구상한 것이 하나 있는데……."

이대표는 박과장이 내민 결재서류철에 사인을 하면서 계속 말을 이었다.

"회의실이 두 개 있잖은가? 대회의실은 그대로 놔두고, 외부 방문객 접대시에 쓰는 소회의실을 데코레이션해볼까 생각 중이네."

"무슨 말씀이신지?"

"그러니까 내 말은, 방문객이 으거나 회의할 때 우리가 그 동안 해 왔던 프로젝트나 성과물을 보면 새로운 콘셉트나 아이디어가 떠오를 수도 있지 않을까 해서 말일세. 상상해 보라고. 우리가 만든 제품들을 한데 모아 전시해 놓고…… 괜찮지 않나? 이름은……그래, 창조룸. 창조룸 어때?"

백만 장 돌파 뒤에 숨은 저력

2001년 3월. 이메이션코리아는 CD-R 판매 100만 장 돌파 목표를 달성했다. '우연'은 단련된 정신에게 찾아오며, 용감한 탐구자에게만 그 모습을 드러낸다고 했던가. 비상을 위한 발판의 언저리에서 맴돌던 이메이션코리아는 결국 발판을 딛고 도약했다. 상승 기류를 감지한 것이다. 그들은 CD 비즈니스에 주력했다. 이메이션코리아는 3M에서 분리된 회사라는 것 말고는 내세울 게 없는 상황이었다.

"한국 시장은 디스켓과 CD는 물론 기업형 대규모 저장장치인 스토리지까지 골고루 성장하고 있어 다른 현지법인의 모범이 되고 있습니다."

본사의 데이브 웽크 사장이 한국으로 날아와 기자회견을 가졌다.

"한국 시장은 PC와 인터넷의 빠른 보급에다 대중화에도 성공해 앞으로 정보저장 분야의 성장이 매우 높아질 것입니다. 데이터 저장 분야에서는 매년 100%가량의 신규 수요가 창출되고 있습니다. 앞으로는 고용량의 저장매체 개발, 소형화, 다양한 기기에 함께 사용할 수 있는 매체 개발 등이 승부의 관건이 될 것입니다."

데이브 웽크 사장의 방한은 '호재 중의 호재'였다. 거래처에서는 물량이 달린다며 '빨리 제품을 보내달라'고 아우성을 쳤고, 이메이션 코리아는 예상을 초과한 주문량으로 공급부족 사태를 겪게 되었다. 연말까지 CD-R만 1250만 장을 팔아치운 이메이션의 매출액은 200억 원이었다. 연초 당해 매출 200억 원을 넘겨보자고 큰 소리를 치긴 했지만 실제로 그렇게 될 줄은 이장우 대표도 예상치 못했다.

강연 요청이 쏟아진 것은 그때부터였다.

"비즈니스를 하다 보면 여러 계층의 사람들을 만나게 됩니다. 이 달에 만난 최고의 CEO는 LMVH 그룹의 베르나르 아르노라는 사람입니다. LMVH 그룹이라고 하면 생소하게 들릴지도 모르겠습니다만, 다음 브랜드들은 결코 낯설지 않을 것입니다. 루이뷔통, 크리스찬 디오르, 지방시, 헤네시, 모에&샹동, 셀린느, 겐조, 게를랭, 태그호이어, 쇼메, 카르티에 등등 세계적으로 유명한 이 브랜드들이 모두 LMVH 그룹 소유입니다. 이렇게 유명한 그룹의 CEO를 만나다니, 제 마음이 얼마나 뛰었겠습니까?"

가슴에 손을 얹은 그는 설렘 가득한 눈으로 청중을 둘러보았다. 모두들 눈빛을 반짝이며 다음 얘기를 궁금해 하고 있었다.

"그것도 단돈 만 원에 말입니다."

그가 책 한 권을 들어보였다. 강연석 이곳저곳에서 자그맣게 키득키득하는 웃음소리가 들려왔다.

"눈치 빠른 분들은 벌써 짐작하셨겠지만, 얼마 전에 나온 책이죠. 《나는 내 꿈에 뒤진 적이 없다La passion créative》. 아르노와의 인터뷰를 담은 것이더군요. 아르노는 1980년대 중반, LMVH에 투자자이자 경영인으로 참여해 10여 년 만에 기업의 가치를 열여섯 배나 성장시킨 인물입니다. 현재 프랑스에서 가장 부유한 인물이며 M&A의 귀재이자 프랑스 최고의 경영인으로서 '성공의 화신', '패션제국의 황제', '사치품 브랜드를 닥치는 대로 집어 삼키는 불가사리' 등으로 불리고 있죠."

이대표는 강연회에 참석한 청중을 향해 'LMVH 사람들의 아이디어에는 창조적 열정La passion creative이 담겨 있다'고 강조했다.

"아르노는 '어디로 가야 할지 모르는 자에게 순풍이란 없다'고

멘토북 돋보기

나는 내 꿈에 뒤진 적이 없다 La passion créative
베르나르 아르노 외 지음 | 성귀수 역 | 수수꽃다리

이 책은 패션제국의 황제 베르나르 아르노의 경영철학과 성공 전략을 다루고 있다. 이브 메사로비치라는 프랑스의 저널리스트가 베르나르 아르노의 경영철학, 프랑스 경제 상황과 기업문화 전반, 그리고 개인사 등 여러 측면에 관해 대화를 나눈 후 그 내용을 문답 형식으로 정리했다.

했습니다. 상황 때문에 수동적으로 끌려다니지 말라는 것이죠. 공감하십니까? 그는 '좋은 전략이란 한 브랜드의 향방을 가늠할 수 있는 것이어야 하고, 각각의 브랜드를 책임진 팀과 경영진에 의해 합동으로 산출된 것이어야만 한다'고 했습니다. 전략을 브랜드에 결부한 것이죠. 내로라하는 세계 최고 브랜드를 육성하는 일이 지상과제인 우리 기업의 현실을 감안할 때 아르노의 말은 귀담아 들을 만합니다."

이대표는 《르네상스를 만든 사람들》 등 인문서 몇 권을 더 소개한 뒤 강연을 마쳤다.

"사고의 폭과 상상의 깊이를 확장시킬 수 있는 책이라면 어떤 것이든 좋습니다. 지금 바로 서점으로 달려가서 한 권씩 구입하신 후 회사로 돌아가십시오. 직무발명이니 전략기획이니 하는 것보다 몇 배는 더 유익할 겁니다. 끝으로 한 가지, 오늘 강연의 결론이기도 합니다만, 우리 회사를 발전시킨 원동력 또한 책을 많이 읽고 거기에서 창의

멘토북 돋보기

르네상스를 만든 사람들
시오노 나나미 지음 | 김석희 옮김 | 한길사

인간 중심의 시각과 접근법으로 르네상스 시대를 조망하는 듯한 느낌이 드는 책이다. 저자는 문답식 대화방법으로 르네상스를 만든 예술가와 그들의 작품들을 알려준다. 막연하게만 생각하던 르네상스 시대를 매우 친근하고 실감나게 접할 수 있다.

력과 진보적인 사고를 발견하려는 노력 덕분이었습니다. 여러분도 도
전해 보십시오."

우레와 같은 박수소리가 강연장을 가득 메웠다. 얼마 전 대리로 진
급한 이신우는 최태호 대리와 함께 열정적인 박수를 보냈다. 이신우
대리는 이대표가 소개한 책들이 많은 의미를 지니고 있다고 생각했다.

'아르노는 사람들의 아이디어에 창조적 열정이 담겨 있다고 했다.
《르네상스를 만든 사람들》에서는 진보적 사고를 가진 이가 어떻게 르
네상스 시대를 주름잡았는지 설명했지. 아이디어와 진보적 사고…….
뭔가 감이 잡힐 듯 하면서도 안 잡히네.'

"최대리님. 시간이 좀 남았는데 우리도 잠깐 서점에 들를까요?"

"야야 됐다. 나는 사우나나 잠깐 들렀다 가야겠어. 어제 과음을 좀
했더니만. 시간 맞춰 갈 테니까 점심시간 끝날 때쯤 회사 앞에서 만나
자고."

최태호 대리와 강연장 앞에서 헤어진 이대리는 곧장 서점으로 향했
다. 서점에 도착한 이신우는 신간 코너의 책들을 뒤적이며 두리번거
리다 《잭 웰치: 끝없는 도전과 용기Jack: Straight from the Gut》를 발견했다.
시장가치 120억 달러에 불과했던 GE를 20년 만에 4500억 달러 규모
의 세계 1위 기업으로 키운 잭 웰치의 리더십 정수와 경영전략, 드라
마틱한 인생 여정이 그대로 담겨 있는 책이었다.

그는 근처의 패스트푸드점으로 들어가 사들고 온 책을 펼쳤다.

잭 웰치는 1935년 열차 차장으로 일하는 아일랜드계 아버지의 외동아들로 태어났다. 어린 시절 그를 단련시킨 건 어머니였다. 말을 자주 더듬었던 그에게 어머니는 "얘야, 그건 네가 똑똑하기 때문이란다. 누구의 혀도 네 똑똑한 머리를 따라갈 순 없을 거야"라며 자신감을 심어주었는데, 이런 과정을 거쳐 그는 이기기 위해서는 열심히 경쟁해야 한다는 것과 당근과 채찍으로 동기를 부여하는 법, 목표를 높게 설정하는 것 등을 체득했다.

"동기부여와 목표설정이라……."

이신우는 자신도 모르게 중얼거리면서 책장을 넘겼다.

일리노이 대학에서 화공학 박사학위를 받은 잭 웰치는 졸업과 동시에 엔지니어로 GE에 입사한다. 그러나 1년 만에 사표를 내고 승부수를 던진다. 남보다 더 열심히 일하고 성과도 높았는데, 똑같은 월급을 받았기 때문이다. 그러나 GE는 관료주의적인 간섭을 배제하고 성과에 맞는 보상을 약속하겠다면서 그의 퇴사를 적극 말린다. 결심을 철

잭 웰치 끝없는 도전과 용기 Jack : Straight from the Gut
잭 웰치 지음 | 이동현 옮김 | 청림출판

관료적이고 보수적이던 기업 GE의 시장가치를 120억 달러에서 4500억 달러로 끌어올린 잭 웰치의 자서전. 그의 어린 시절부터 GE 입사 과정, CEO가 되어 단행한 여러 가지 개혁들이 상세히 소개된다. 그가 승리했던 순간, 처참했던 실패의 순간들도 모두 실려 있다.

회한 잭 웰치는 새로운 물질을 개발하는 총책임자 자리를 자청한다. 그리고 특유의 창의력으로 승진을 거듭, 46세에 GE의 최연소 회장이 된다.

'중성자탄 잭!'

그의 전설적인 경영혁신은 이 때부터 시작된다. 잭 웰치는 5년간 11만여 명을 해고하며 GE의 체질개선에 박차를 가했다. 71개 사업부를 정리하고, 인재와 능력 최우선 경영으로 비전을 확립했다.

이신우는 재빠르게 책장을 넘겼다. 잭 웰치가 주창한 4대 혁신, 즉 '6시그마 운동', '세계화 전략', '신新 서비스 사업 개발', '효율적인 e 기업으로의 전환'을 비롯한 그의 경영 전략을 정리해 볼 필요가 있을 것 같았다. 시계를 보니 최대리오 만나기로 약속한 오후 1시가 다 되어가고 있었다. 이신우는 책을 덮으려다 눈에 띄는 구절이 있어 다시 펼쳤다.

'경영자는 한 손에 물뿌리개, 다른 한 손에는 거름을 들고서 꽃을 가꾸는 사람과 같다.'

"물뿌리개와 거름. 자신의 시간 중 75%를 사람을 키우는 일에 바친 사람이니까 이런 말도 할 수 있는 거겠지. 아니, 잠깐."

이신우는 아까 강연회에서 들은 말을 다시 떠올려보았다.

"창조적 열정, 진보적 사고……. 그래! 이 말들은 사람, 인재를 가리키는 것이었구나. 모두 인재에 대해 얘기하는 거였어. 게다가 잭 웰치는 동기부여와 목표설정의 중요성을 강조했지. 진정한 인재는 열정을 가지고 창의적인 사고를 멈추지 않아. 그리고 스스로 목표를 만들고 동기를 부여할 줄 아는 거였어. 지금과 같은 시기에 회사에 가장 필요한 게 무엇인지 알 것 같아."

이튿날 아침. 이대표는 이런저런 상념에 사로잡힌 채 창조룸을 거닐다 게시판 앞에 우뚝 멈추어 섰다. 프린트물 하나가 그의 시선을 붙잡았다. 언뜻 보니 잭 웰치의 경영 전략을 요약한 것이었다. 그는 무슨 내용이 씌어 있는지 자세히 읽어보았다.

● ● ●

인재, 능력 최우선 경영

잭 웰치가 경영에서 가장 중시한 것은 능력 있는 사람을 발굴해 핵심 역량으로 키우는 것이었다. 최고의 인재를 가장 적절한 위치에 배치하고 그를 지원하는 것이 경영자의 임무라는 게 그의 지론이다. 그는 이렇게 강조한다.

"모든 성공은 최고의 인재를 키우는 것에서 시작된다. 인간의 가능성은 무한하다. 우리가 해야 할 일은 오직 그 깊은 우물에 호스를 대는 것뿐이다."

그렇다면 반대로 우리 스스로가 가치 있는 인재가 되는 것은 어떤가? 자발적으로 열정을 가지고 자신의 가치를 올려보는 것은? 또 스스로 목표를 설정하고 동기를 부여해 보려그 시도하는 것은? 인재로 키워지길 바라지 말고 스스로 최고의 인재가 되어보자.

● ● ●

이대표는 뿌듯해진 가슴을 안고 창조룸을 나왔다. 머릿속은 여전히 복잡했으나 무겁던 마음이 어느 정도 가벼워진 기분이었다.

창조룸 전경. 이장우 대표는 혁신과 관련된 책을 읽고 깨달은 바 있어 창조룸을 만들었다. 직원들이 회의를 할 때, 그간의 프로젝트나 성과물이 눈에 띈다면 더욱 새로운 아이디어가 생겨날 거라는 점에서 착안해 만든 것이다.

2부

독서 문화의 모범,
이메이션

독서경영 10계명

6

가로로 읽고 세로로 생각하라

식당의 '맛있는 음식'과 주인의 '다정한 미소'에서 단골고객이 탄생하듯, 책 속에 담긴 의미와 읽는 사람의 교감이 '감성만족'의 최고 콘텐츠를 만들어 낸다. 깊이 있는 전문 지식과 인접 분야의 교양을 함께 체득하는 것이야말로 자신을 재창조하는 힘이기도 하다. 활자 사이를 넘나드는 생각의 씨줄과 날줄의 교차점에서 빛나는 아이디어를 찾아라.

책 읽는 재미를 알다

책사모, 미래를 논하다

독서토론 모임 날, 업무를 마친 이신우 대리는 책사모 회원들에게 나눠줄 프린트물을 들고 '창조룸'으로 들어갔다.

"왔나?"

이장우 대표였다.

"오늘 모임 있지?"

"예……. 사장님이 어쩐 일이세요?"

"창조룸에 꼭 일이 있어야만 오나? 몇 시부터 시작이지?"

이대리가 시계를 힐끗 바라보고 대답했다.

"아직 시간이 좀 남았습니다."

이대표는 책을 덮고 일어나 의자에 엉덩이를 걸치고 앉았다.

"어때 일은 할 만한가?"

"네, 할 만합니다."

이대표는 이신우 대리를 바라보며 의자에 앉으라는 손짓을 했다.

"요즘 사내 분위기는 어때?"

"승진이 여럿 있었으니 당연히 분위기가 좋습니다. 유서형 과장이나 박진욱 부장이 승진하셔서 저도 기분이 좋습니다."

이대리의 웃는 모습에 이대표도 미소를 머금고 고개를 끄덕였다.

"모두들 이메이션에 없어서는 안 될 보물들이지. 목표를 향해 계속 전진해야 할 거야. 난 자네들이 열심히 해주리라 믿네. 참 그러고 보니 식사를 아직 못했는데, 자넨?"

"네, 저도 아직 못했습니다."

"난 말야 집에서 식사하는 걸 좋아하지만 회사 일에 바쁘다 보니 식당밥을 자주 먹었어. 언제부턴가 식당에서 밥 먹는 게 더욱 익숙해졌다네. 그런데 말야 맛집을 찾아다니며 식도락을 즐기는 동안 나도 모르게 음식보다 식당이 더 좋아졌지 뭔가. 정확히 말하면 맛있는 음식보다 사람 좋은 식당에 더 끌린다고나 할까?"

이대리는 묵묵히 이대표의 이야기를 경청했다.

"단골 식당 가운데 칼국수 전문점이 있었네. 시원한 해물칼국수와 푸짐한 만두가 생각날 때마다 들를 곳이었는데, 그곳 아주머니는 항상 날 반갑게 맞아주셨지. 다른 상에 나가는 것보다 찬도 많이 주시고, 가족들의 안부를 묻기도 하고. 너무 자주 갔는지, 간혹 밥값을 깎아주기도 했어. 칼국수도 칼국수지만 아주머니의 미소가 생각날 때가 더 많아."

'음식은 제품. 식당은 업체?'

순간 이신우 대리의 머릿속은 빙빙 돌아가기 시작했다.

"어느 날엔가 식당에 갔더니 그 아주머니가 안 보이더라고. 대신 다른 분에게 아주머니의 안부를 물었더니 지방에 계신 어른이 돌아가셔서 상을 치르러 갔다고 해서 힘드시겠구나 생각했지. 그런데 얼마 후 아주머니는 식당을 그만두셨네. 이제는 식당에 가도 그분을 볼 수가 없어. 물론 아주머니를 대신해 새로 오신 분도 친절한 분이야. 그런데도 나는 무언가 좀 아쉽더라고. 나를 손님으로서 친절히 대해주는 것과 아는 사람으로서 친밀하게 대해주는 것은 다르기 때문이지."

'손님에 대한 예의로서의 친절. 아는 사람으로서의 친밀.'

이대표는 고개를 끄덕이는 이신우의 어깨를 툭툭 두드렸다.

"모두들 '마케팅이 뭐냐?', '어떻게 하면 마케팅을 잘 할 수 있느냐?'고 묻곤 하지. 그런 말을 들을 때마다 내 머릿속에 떠오르는 사람이 바로 칼국수집 아주머니야. 나를 단순한 손님이 아니라 아는 사람으로서, 친구처럼 대해주신 게 아직도 기억에 남는다네. 그분은 생활 속에서 자연스럽게 마케팅을 실천하셨지. 고객에게 친밀함을 전해주고 그들이 원하는 느낌과 감성을 일깨우는 것이 바로 마케팅이네. 내가 볼 때 최근 일고 있는 마케팅 붐은 약간 늦은 감이 있지."

'아! 감성 마케팅……'

"마케팅의 지상과제란 이런 게 아닐까? 고객을 사로잡고 시장의 많은 경쟁자 중에서 선택받으며, 이러한 선택이 계속되어 끊임없는 반복구매가 일어나도록 하는 것 말일세. 반복구매가 마케팅 순환 프로세스로 이어지고 이것이 문화가 되어 사람들의 일상에 깊숙이 파고들어야만 성공적인 마케팅이 되는 거야. 이런 경향이 심화되면 나중에는 일종의 마니아처럼, 종교의식에 견줄 수 있는 수준이 되는 거라네. 기업의 마케팅 능력과 창조를 이 정도 수준으로 극대화하려면 회사 내의 임직원이 마케팅 본성과 잠재능력을 끊임없이 개발하고 자극받아야 한다고 봐. 세상에 본성이나 본능만큼 확실하고 뚜렷한 게 또 어디 있겠나. 인간이 지닌 감각수용 기관이 1억 개라고 하면 우리가 생각하고 숙고하고 상상하는 데에 필요한 세포 시냅스는 100조 개나 된다고."

"그러니까 사장님 말씀은 마케팅이 회사의 경쟁력이라는 거군요."

"물론 제품을 잘 만드는 것도 중요하지. 하지만 그걸 팔지 못하면 제품이 아무리 좋다한들 무슨 소용인가? 소비자의 마음을 움직여야 해. 감동 말일세. 그러니까 우리가 먼저, 천부적인 마음의 눈, 이성의 눈, 감성의 눈, 그리고 호기심의 눈으로 세상을 좀더 다르게 beyond, 즉 입체적인 관점에서 볼 줄 알아야 상대방도 감동시킬 수 있지 않겠나? 내가 독서를 강조하는 것도 바로 그 때문이네. 감성 마케팅 문화가 꽃피는 회사야말로 최고의 경쟁력을 갖출 수 있는 법이지."

그때였다.

"어, 사장님?"

멤버들이 창조룸으로 우르르 몰려 들어왔다.

"조용히 앉아 있을 테니까 신경 쓰지 말라고. 나도 공부하려고 온 거야. 오늘은 어떤 책인가?"

"피터 드러커입니다."

유서헌 과장이 말했다.

"피터 드러커라……. 그런데 최태호 대리가 안 보이네?"

"바쁜 일이 있어서 빠졌습니다."

"바쁜 일? 연애사업이라도 벌이고 있는 겐가?"

"글쎄요. 저도 잘……."

유과장이 사람들에게 프린트물을 나누어주었다.

"피터 드러커는 《Next Society Managing in the Next Society》라는 저서를 통해 지식과 기술로 무장한 새로운 자본가, 즉 지식노동자의 급부상을 예고했습니다. 의사, 과학자, 성직자, 교사 등 수준 높은 지식에 기반을 둔 지식근로자들이 생산수단을 소유하게 된다는 주장이죠. 그는 지식작업 knowledge work, 지식근로자 knowledge worker 등의 용어를 최초로 사용한 경영인이자 사회사상가입니다. 그가 예견한 지식사회의 주요 특성 중 일단 세 가지는 다음과 같습니다."

첫째, 국경이 없다 – 지식은 돈보다 이동이 훨씬 쉽다.

둘째, 상승 이동이 쉽다 — 누구나 손쉽게 정규 교육을 받을 수 있다.

셋째, 성공뿐 아니라 실패할 가능성도 높다.

"여기다 좀더 덧붙이자면, 지식근로자들은 자신들만을 위한 비경쟁적 인생과 공동체, 그리고 외부에 대한 관심사를 개발할 필요가 있습니다. 외부 관심사는 그들이 사회에 공헌하도록 돕고, 성취할 기회를 제공하기 때문입니다."

넷째, 지식근로자는 새로운 자본가다.

"그들은 연금기금 또는 투자신탁기금의 투자지분을 통해 많은 대기업의 주주가 되었습니다."

다섯째, 지식근로자는 스스로를 고용주와 동등한 사람으로 인식한다.

"이 말은 종업원이 아니라 전문가로 인식한다는 의미입니다. 지식사회는 상사와 부하의 사회가 아니라 고참자와 신참자로 구성된 사회라는 얘기죠."

"끼어들어서 미안한데, 그렇다면 다음 사회를 대비하기 위해 경영자들은 어떻게 해야 하지? 드러커는 뭐라고 했나?"

이대표가 물었다.

유서형 과장은 잠시 무언가 생각하다 곧바로 책을 펼쳐들었다.

"그는 '제조업 쇠퇴에 대비한 전략을 수립하라'고 권했습니다. 본문을 인용하겠습니다. '제조업의 쇠퇴는 일찍이 농업에서 일어난 현상을 다시 한번 재현해 새로운 보호주의를 초래할 것이다. 제2차 세계 대전 이후 제조업 생산품의 가격은 꾸준히 하락한 반면, 주요 지식제품은 인플레이션을 감안하더라도 세 배나 증가했다. 제조업 근로자들의 수가 적으면 적을수록 이들은 정치적으로 한층 더 단결해 영향력을 발휘한다. 이 블루칼라 노동자들은 임금만 줄어든 게 아니라 그들에게 한층 더 중요한 사회적 지위를 상실하고 있다.' 드러커는 이미 1930년대에 산업혁명으로 야기된 커다란 불평등이 엄청난 절망감을 초래할 것이고, 그 때문에 유사 전체주의가 대두될 수도 있다고 걱정했습니다. 불행히도 그의 염려는 적중했죠. 그는 경영자들이 종업원들은 마구잡이로 해고하면서 정작 자신들은 막대한 이윤을 취하는 행위에 대해, 사회적으로나 도덕적으로도 용서받지 못할 일이라고 역설했습니다."

"최고경영자와 기업의 미래에 대해서는?"

"단일 모델이 아닌 선택 가능한 다양한 모델이 존재할 거라고 말했

멘토북 돋보기

Next Society Managing in the Next Society
피터 드러커 지음 | 이재규 옮김 | 한국경제신문사

정보사회, 비즈니스 기회의 사회 등 다음 사회(Next Society)를 만드는 주요한 사회 변화를 예측함으로써 기업의 경영자들이 해결해야 할 과제를 알려준다. 다음 사회의 흐름을 읽고 변화를 준비하는 사람들이 반드시 읽어야 할 책.

죠. 기업의 경우도 마찬가지고요. 한 구절 더 인용하겠습니다. 경영을 맡은 CEO는 각각의 집단들이 결과를 생산하는 일에만 집중하도록 해야 한다. 이 점이 바로 미래 CEO의 직무를 이해하기 위한 핵심이다. 대규모 조직의 우두머리 자리를 천재가 차지해야 한다고 주장하는 경영자는 자신이 위기에 빠져 있음을 스스로 증명하는 것과 다름없다. 대기업은 좀더 철저히 자신을 혁신하는 법을 배워야 한다. 그렇지 않으면 생존하지 못한다."

"자신을 재창조하라?"

"그렇습니다. 벤처기업에 대해서는 이렇게 말했습니다. 창업가들은 기업이 어느 정도 성장한 뒤에도 내가 하고 싶은 일은 무엇인가?, 나의 역할은 무엇인가?를 되묻는데, 이는 잘못된 질문이다. 대신, 이 단계에서 회사가 필요로 하는 게 무엇인가? 그런 일을 처리할 수 있는 능력이 내게 있는가? 등 우선 회사가 필요로 하는 것을 파악해야 한다."

이신우 대리는 프린트물을 넘겨보다 맨 마지막 장에 주목했다.

●　　●　　●

한국은 단지 두 세대 만에 세계 역사상 어떤 나라도 이루지 못한 경제발전을 일구어냈다. 어떤 나라도 한국만큼 철저한 변화를 겪지는 않았다. 또한 앞으로 20여 년 동안 그 어떤 나라도 한국이 보여준 변화만큼 빨리,

그리고 철저히 변할 수는 없을 것이다. 오늘날 한국은 특히 기업구조 측면에서 네 가지 도전에 직면해 있다.

첫째, 기업구조가 개발도상국 경제에나 적합한 것에서 벗어나지 못하고 있다. 달리 말해 전문경영인이 자율적으로 경영하는 독립적 회사들이 주류를 이룬다.

둘째, 제조업이 차지하는 부와 일자리 창출 역할, 그리고 경제의 중심 역할이 꾸준히 줄고 있다.

셋째, 한국의 거대 이웃 중국이 급부상하며 주요 경쟁자로 등장했다.

넷째, 노동력의 중심이 지식근로자들로, 그리고 지식기술자들로 급속히 이동하고 있다. 이들 지식근로자는 한국 경제의 핵심 자원이자 부의 창출자다. 지식 작업의 생산성과 지식근로자의 생산성 향상이 한국의 중심적인 경영과제로 자리잡게 될 것이다.

● ● ●

'지식산업과 지식근로자로 빠르게 재편된다는 이야기로군. 그렇다면 이메이션이 자체적으로 할 수 있는 건 무엇일까?'

인쇄물을 다 읽은 이신우 대리는 자연스럽게 이메이션의 미래를 생각해 보았다. 아무래도 이 부분에 대해서는 동료들과 다시 토론해 볼 필요가 있을 것 같았다.

토론 후 잠시 휴식을 가진 그들은 곧장 다음 텍스트로 넘어가기로 했다. 이신우 대리는 힐끔거리며 시간을 확인했다. 1년 먼저 취직한 대학동기와 뮤지컬을 보기로 약속했기 때문이다. 그는 잽싸게 프린트물을 돌렸다.

"경영은 왜, 무엇을, 어떻게 하는 것인가? 경영에 관한 60년간의 저술들을 한 권으로 압축한 책 《피터 드러커 미래경영The Essential Drucker》에서, 저자는 미국이 오랫동안 경제적 번영을 누릴 수 있었던 이유로 '경영'을 꼽습니다. 드러커가 제시하는 경영비전과 목표들은 수십 년 동안 수많은 기업과 비영리 조직을 대상으로 수행한 체계적인 컨설팅 결과에 근거합니다. 따라서 단순한 이론에 머물지 않고 실무적인 차원으로까지 확장돼 나아갑니다. 또한 그가 제시하는 경영원리들은 21세기 모든 종류의 조직과 경영자들이 당면할 과제들에 대한 실질적인 해법을 제공합니다."

이대리는 연신 시계를 보며 계속 말을 이었다.

멘토북 돋보기

피터 드러커 미래경영 The Essential Drucker
피터 드러커 지음 | 이재규 옮김 | 청림출판

피터 드러커가 60년 동안 저술한 경영학의 진수들을 망라해 선별한 경영 입문서다. 조직의 경영 방법, 경영과 개인, 그리고 경영과 사회에 관한 26편의 핵심 논문을 통해 아무도 예상할 수 없는 미래 사회를 헤쳐나가기 위한 해법을 제공한다.

"저자는 '경영자'라는 용어를 스태프 부문의 관리자와 라인 부문의 감독 등을 모두 포괄하는 용어로 사용합니다. 경영자라는 의미가 지위와 권한을 가진 사람을 의미하는 '보스'에서 지식을 행동으로 구체화할 수 있도록 만드는 책임자, 즉 '리더'로 변했다는 것입니다. 흔히 말하는 기업의 소유주나 최고경영자와는 다른 생각이죠. 그는 '모든 사람이 위대한 리더가 될 수는 없지만 유능한 리더는 될 수 있다. 유능한 리더가 되기 위해 필요한 것은 천재적 능력이 아니라 인내심을 가지고 고된 작업을 수행하는 성실함이다'라고 피력했습니다."

"이대리 잠깐만."

이대표가 손을 들었다.

"내가 요즘 읽고 있는 책이 이건데 말이야."

그가 들어 보인 책은 《르네상스 매니지먼트Renaissance Management》였다.

"리더의 역할에 관한 책이지. CEO여, 직원을 리더로 만드는 컨설컨트가 되어라! 통제하고 명령을 내리는 게 아니라 부분을 연결하고 에너지를 폭발시키는 경영자만이 살아남는다!"

모임 멤버 전부가 벙한 얼굴로 그를 돌아봤다.

"미안하네. 흐흐. 내가 예전에 한 말 있지? 하이퍼텍스트 기법으로 독서하라. 이대리 발표가 끝나면 이 책 얘길 잠깐 하고 싶은데? 발표 내용과 관련이 좀 있는 것 같아서 말이지."

"끝났습니다."

이신우 대리는 뒤통수를 긁적이며 슬쩍 시간을 한번 더 확인했다.

"그렇다면 간단하게 소개하지. 다들 최고경영자 중심의 피라미드형 기업이 개인 중심의 네트워크형 기업으로 바뀌어가고 있다는 분위기, 느끼고들 있지? CEO의 역할도 그만큼 달라져야 한다는 거야. 핵심은 '권위'가 아니라 '영향력'이네. 구성원 각각의 장점을 최대한 발휘하도록 돕는 컨설턴트가 되라는 것이지. 실제로 브라질 셈코사의 리카르도 셈러는 '보스'가 아닌 '카운셀러'라는 호칭을 택했네. 고용인들을 '동료'라고 부르는 CEO도 있지. 예컨대 영국 소매상 존 루이스는 직원들을 '파트너'로, 고어텍스의 제조업체들은 직원들을 '공동 경영자'라 부른다네. 조직을 상하 개념이 아니라 수평 개념으로 인식하는 것이 중요해. 이들 회사의 직원 50% 이상이 스스로를 리더라고 생각하고 있었는데, 그들이 내면에 품고 있는 잠재력과 창조력을 더욱 잘 발휘하게 됐다는 보고서도 있지."

그때였다.

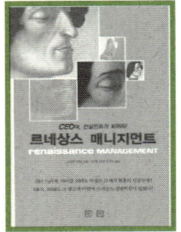

르네상스 매니지먼트 Renaissance Management
스티븐 카터 지음 | SPR 경영연구소 옮김 | 예지

1인 리더 중심의 피라미드형 기업을 개인 중심의 네트워크형 기업으로 바꾸는 르네상스 매니지먼트에 대해 서술하고 있다. 르네상스의 이념인 개개인의 특성을 더욱 발전시키는 것에 주목함과 동시에 다양한 증거와 논리로 새로운 CEO상을 제시한다.

"사장님! 정식으로 우리 '책사모'에 들어오시죠?"

유서형 과장이 물었다.

"책사모? 글쎄 정식은 어려울 것 같고. 흠……. 오늘처럼 가끔씩 객원 멤버로 참여하는 건 어떨까?"

"나쁘지 않죠."

감성 마케팅을 탐독하다

회사를 빠져나온 이신우 대리는 부랴부랴 택시를 잡아타고 약속장소로 향했다. 모임 때문에 꺼두었던 핸드폰을 켜자 부웅, 하는 진동과 함께 메시지 하나가 도착했다. 함께 뮤지컬을 보기로 한 친구의 메시지였다.

'야근이야. 혼자서 보기 뭐하면 티켓 환불 요망. 미안~'

맥이 빠졌다. 그는 지갑 속에서 티켓을 꺼냈다. 공연 시작 10분 전, 시간 맞춰 도착하기에도 어려운 상황이었다. 차라리 잘 됐다 싶었다. '책사모 모임'이 있는 날이면 퇴근 이후 스케줄을 거의 잡지 않은 그였다. 7년 만에 지방에서 올라온 대학동기가 아니었다면, 약속 같은 건 잡지 않았을 것이다.

'고생한다. 어쩔 수 없지. 다음에 보자. 꼭 연락해.'

답 메시지를 보냈다. 멀리 예술의 전당이 보였다. 이신우는 '기왕 여기까지 온 김에 시간 맞는 공연이나 하나 관람해야겠다'고 생각했다. 이대표가 말한 '감성 마케팅'에 대한 힌트를 얻을지도 모르는 일이었다.

"이신우 대리?"

박진욱 차장을 만난 것은 공연 시간을 기다리며 자판기 앞에서 음료수를 마시고 있을 때였다.

"박차장님?"

반갑게 인사를 나눈 그들은 자판기 근처에 마련된 파라솔 테이블에 앉았다. 이야기를 나누다 보니 듣던 대로 박차장은 문화와 예술 방면에 조예가 깊었다. 주로 이신우가 묻고, 박차장이 대답하는 형식이었다.

"전공이 불문학이라고 하셨죠?"

"불문학 전공이 왜 마케팅을 하고 있냐고?"

"사실은 저도 마케팅과는 거리가 좀 있는……."

"마케팅 직원을 뽑을 때 기업이 염두에 둘 것이 몇 가지 있는데, 그 하나가 ROI Return On Investment 야. 마케팅의 목표는 고객 만족이지. 그러나 돈을 버는 것이 더욱 궁극적인 목적이지. 마케팅 담당자가 매출액 추이, 손익계산에 대한 감각이 없으면 뜬구름만 잡게 될지도 모르거든. 적자 봐서 좋은 장사는 하나도 없지. 그리고 또 하나는 기업이 제공하는 제품이나 서비스에 따라 마케팅 적임자가 조금씩 다를 수 있다는 점이야. 하이테크 제품의 경우 엔지니어 출신이 마케팅을 담당하는 것이 좋겠지. 기술을 잘 이해하는 사람이 마케팅도 잘 할 테니까."

박차장은 시계를 들여다보며 공연시간까지 얼마나 남았는지를 확인했다.

"그러나 소비자 제품의 경우, 예술을 한 사람이 유리할 수도 있어. 기존의 것을 그대로 답습해서는 안 되기 때문이지. 그때그때의 상황에 맞는 무언가를 창조해 내는 인재가 필요한 거야. 예술을 공부한 사람은 아무래도 창조력과 상상력, 감성 같은 게 뛰어나지 않겠나? 회사 입장에서 볼 때는 경영 외의 분야를 공부한 사람을 쓰는 일이 시간이나 비용상의 손해라고 생각할 수도 있겠지. 그러나 반드시 그렇지만은 않다네."

그는 컴퓨터용 음이온 청정기 세일즈로 유명한 재미교포 앤디 김 사장의 일화를 들려주었다.

"앤디 김이란 인물은 수학 전공자였어. 한때 수학교사를 하기도 했지. 예상치 못한 사건으로 수학교사를 그만두게 됐는데, 문득 그 동안 자신이 해온 일이 아닌 전혀 다른 일을 해보고 싶은 생각이 들었다고 해. 처음에는 부동산업체에서 마케팅을 했다더군. 영업 전략을 교사 생활할 때 방식으로 세웠다지 아마? 수요자에게 문제의 정답을 가르쳐주지 않고 문제를 컨설팅하는 방법 말일세. 마케팅 전문가가 되기 위해서는 경영학과 졸업 후 MBA를 하고 회사에 입사하는 정통 코스를 따를 수도 있지만, 앤디 김처럼 경영 외의 분야를 공부하고서도 마케팅 일을 할 수도 있는 거지."

"처음에는 비전공자가 불리하지 않나요?"

"글쎄, 단기적으로 보면 그렇지만 장기적으로 생각하면 꼭 그렇지도 않다네. 예술, 문학, 철학, 사회를 공부한 사람이 마케팅을 공부하면, 경영학만 공부한 마케터의 한계를 뛰어넘을 수 있는 가능성이 더 많다는 거야. 경영 외의 분야를 공부한 사람들은 소프트 마케팅 시대의 중요한 덕목인 상상력, 추상력, 공상력 등이 풍부할 테니까."

마케팅은 크게 보아 제품 차별성을 따지는 '사고think'와 고객의 욕망을 보는 '느낌feel' 이렇게 두 가지 방식으로 나눌 수 있다. 즉 전자는 논리를, 후자는 감성을 따라가는 것이다.

박차장은 비전공자의 마케팅 브서 배치가 최근의 마케팅 추세라고 했다. '느낌'에 의존한 감성 마케팅으로 가는 길목에서, 경영 외의 분야 전공자들이 그러한 부분에서 강점이 있다는 얘기다.

"마케팅은 일반직이 아니라 전문직이야. 연봉이나 전문성 면에서도 그렇고. 아직 우리나라에는 CMOChief Marketing Officer(최고마케팅경영자) 개념이 없지만, 머잖아 외국처럼 마케팅 전문가가 각광받을 날이 올 거라고 생각하네. 미국 기업들의 경우 최고 연봉을 받는 대부분의 CEO가 CMO 출신이라는 사실 알고 있나?"

이대리는 고개를 끄덕이며 자신의 꿈을 다시 한번 확인했다. 그 꿈은 한국 최고의 CEO가 되는 것이었다.

"역시 마케팅에는 종합적인 능력이 필요하군요. 오늘 책사모 모임에서 토론한 책들하고도 연결점이 있는 것 같아요."

"오늘은 어떤 책이었지?"

"피터 드러커의 《Next Society》와 《미래경영》입니다."

박차장이 고개를 끄덕이면서 말했다.

"앞으로 전개될 지식사회와 경영 전반에 대한 책들이군."

"역시 박차장님이세요. 다 읽어보셨나봐요. 지금 생각해 보니 사장님이 소개한 《르네상스 매니지먼트》도 일맥상통한 점이 있어 보이는군요."

"미래라……. 말하는 관점은 조금씩 다르지만 사회, 리더, 경영은 미래지향적이고 트렌드를 앞서가는 이가 주도하게 마련이지. 그나저나 책사모에서 토론한 내용과 내 얘기를 연결하려 들다니 대단하군. 자네는 확실히 감성 마케터 자격이 있어. 감성 마케팅에 적격이야. 그렇다면 이 책도 같이 보게나. 가만 있어보자……. 자, 이거."

박차장이 가방 안에서 한 권의 책을 꺼내들었다.

"노르웨이 교포가 쓴 《노르웨이 라면왕 미스터 리 이야기Be Happy!》라고. 얼마 전 서점에서 발견했다네."

이대리는 호기심 어린 눈으로 책을 넘겨보았다.

"가난과 역경을 이기고 자수성가한 대기업 총수의 드라마 같은 이야기는, 다른 세상의 이야기처럼 들리는 게 사실이지. 마음에 와 닿지 않는다고 해야 하나? 하지만 이철호 사장의 이야기는 '평범한' 한 개인의 소박한 역사랄까? 노르웨이에서의 생활, 결혼 이야기, 실패로 인한 좌절과 역경을 극복하고 최고의 요리사가 되기까지 그의 삶은 그야말로 한 편의 드라마라네. 읽어보면 와 닿는 게 있을 거라고. '노력하고 준비하는 사람에게 기회가 더 빨리 찾아온다' 는 말 알고 있지? 이신우씨처럼 새로운 미래를 준비하는 사람들에게는 하나의 밑거름이 되지 않을까 싶군."

이윽고 사람들이 공연장 쪽으로 부산하게 움직이기 시작하자 그들도 자리에서 일어나 무리에 합류했다.

그날 이후 이대리는 감성 마케팅과 서비스 관련 책을 집중 탐독했다. 그 속에서 다양한 아이디어를 얻었고, 첨단기술을 갖추었더라도 고객을 만족시키려면 '감성 마케팅' 이라는 무형의 서비스가 필요하다는 사실을 다시 한번 확인했다. 그리고 이를 곧바로 업무에 활용했다. 이메이션코리아의 CD-R 판매량은 2001년, 1250만 장에서 2002년, 2080만 장으로 껑충 뛰었다.

토론 중인 책사모 회원들의 모습이 즐거워보인다. 아침마다 모여서 스터디를 하던 모임이 자연스럽게 책 읽는 모임으로 발전했다. 회원들은 독서토론 외에도 영화, 연극, 콘서트 등을 관람할 뿐 아니라 함께 취미생활도 즐긴다.

7

메모하고 실행하라

똑같은 동굴을 보고 누구는 철광을 생각하고, 누구는 금맥을 발견한다. 아무리 귀한 가르침일지라도 자신의 것으로 체화하지 않으면 소용없다. 책은 사람의 생활습관을 바꾸고 비전을 바꾼다. 그리고 삶의 방향까지도 바꿔준다. 매사에 수동적인 모습을 보이던 최대리는 어떤 과연 선택을 하게 될까? 그의 결단과 실행의 의지를 함께 따라가보자.

독서경영이 세상에 알려지다

이메이션 방식이 주목받기 시작하다

"최대리님 표정이 어째……. 무슨 일 있으세요?"

책사도 모임에서 발표할 책을 읽기 위해 1시간 일찍 출근한 이신우 대리는 휴게실에 앉아 머리를 싸매고 있는 최태호 대리를 발견했다.

"아니, 그냥……."

뭔가 문제가 있는 모양이었다. 이대리는 최대리에게 다가가 옆에 앉았다. 평소 특별히 하는 일 없이 분주하기로 유명한 최대리였다.

"사장님 나오셨나?"

최대리가 물었다.

"잘 모르겠어요. 아직 출근 안 하셨겠죠?"

꽁초가 수북한 재떨이를 보니 줄담배를 피우고 있는 듯했다.

"사실은 말이야……. 아니다. 이대리는 한 달에 책을 몇 권 정도 읽어?"

"글쎄요. 책사모 때문에 1주일에 두 권씩은 읽으니까, 한 달에 여덟 권 정도?"

"다 회사 돈으로 사다가 보는 거지?"

"그렇죠. 사장님이 그렇게 하라고 하셨잖아요."

"도움이 좀 되는 거 같은가?"

"당장 뭐가 바뀌는 건 아니지만 업무 마인드나 라이프스타일이 점점 구체적인 모습을 갖추는 느낌이에요. 사물을 보는 관점도 나름 넓어진 것 같고요."

최대리가 새 담배를 피워 무는 순간 유서형 과장이 휴게실로 들어왔다.

"요즘 책 좀 읽나봐?"

"무슨 소리야?"

"지난 달 책값 신청자 1위가 최태호 대리라던데?"

최대리는 건성건성 고개를 끄덕이다 담뱃불을 끄고 자리에서 일어났다.

"수고들 하라고."

이대리는 휴게실을 나가는 최대리에게 물었다.

"책사모에는 안 나오세요?"

최대리가 유과장 눈치를 보며 대답했다.

"바쁜 일이 있어서."

바야흐로 '앉아서 돈 버는' 시절이 도래했다. 이메이션코리아는 매달 목표매출액을 넘겼다. CD-R 분야에서 선두업체가 되었고, 무차입 경영의 우량기업으로 성장했다. 5년 전 29억 원의 적자와 자본잠식이라는 기억을 돌아보면, 놀라운 결과가 아닐 수 없었다. '독서경영'이라 불리는 이장우 대표의 경영방식이 주목받기 시작한 것은 그때부터였다.

이신우 대리는 업무 시작 전, 이장우 대표를 다룬 신문기사를 읽다 잠시 회상에 잠겼다.

● ● ●

1997년 말, 시장에 막 첫발을 디디며 의욕적으로 출발한 이메이션코리아에 경제위기라는 거대한 한파가 몰아닥쳤다. 환율불안에 따른 시장 환경 악화, 눈 깜짝할 사이에 불어난 부채. 결국 이메이션코리아는 자본잠식 상황까지 갔다. 본사 지원으로 명맥만 유지하는 어려움에 처하기도 했다. 그런데 이때, 이장우 대표가 내민 카드는 생뚱맞게도 '독서'였다. 우선은 희사를 유지하는 일이 급하고 중요했지만, 직원들에게 회사가 정상화되고 훗날 우량기업으로 성장할 수 있다는 기대를 심어주기 위해서는,

무엇보다 분위기 전환이 필요하다고 판단한 것이다.

그는 적은 비용으로 직원들의 사기를 돋우고 아이디어를 창출해 내는 도구로 가장 적합한 것이 책이라고 생각했다. 직원들이 주변의 눈치 안 보고 자유로운 분위기에서 책을 읽을 수 있도록 하는 자율적 시스템을 도입했고, '북 랠리'라는 이벤트도 제안하기에 이른 것이다.

이장우 대표는 이렇게 말했다.

"다양한 장르의 책을 접할 수 있는 환경을 만들어주자, 개인적으로는 사고의 폭이 넓어짐과 동시에 회사에 대한 신뢰감도 커지는 일석이조의 효과를 거둘 수 있었다."

비즈니스맨의 독서는 단순한 독서가 아니라 읽은 내용을 실제로 응용하기 위한 독서여야 한다. 자신에게 필요한 책만 가려서 읽으라는 얘기도 아니고, 전략적으로 읽으라는 얘기도 아니다. 이대표가 하이퍼텍스트 기법이라고 이름 붙인 독서법의 취지는, 매년 4~5번씩 주제를 바꿔가며 다양한 장르의 책을 소화하는 가운데, 다양한 관점에서 아이디어를 창출하기 위한 기반을 다지자는 데 있었다. 실제로 이대표는 책에서 아이디어를 얻어 업무에 활용했다. 그 결실이 바로 '창조룸'이다.

이대표는 톰 켈리의 저서 《유쾌한 이노베이션》을 읽고 난 후, 새로운 아이디어를 떠올릴 수 있는 공간의 필요성을 느꼈다. 직원들이 좀더 새로운 마케팅 기법을 구상하는 일에 몰두할 수 있도록 하자는 것이었다.

● ● ●

이대리는 다시 한번 글을 읽으며 생각에 잠겼다.

'사장님께서는 로이 윌리엄스의 《Magical Worlds of the Wizard of Ads》을 읽고, 남과 다른 아이디어 창출 기법을 배웠다고 했지. 정진홍의 《감성 바이러스를 퍼뜨려라》를 읽고서는 디지털 시대에 대한 새로운 감각을 얻었고, 폴 클라크의 《디자인의 유혹》, 김민수의 《21세기 디자인 문화탐사》, 장동련의 《디자인, 비즈니스로 승부하라》 등의 책은 디자인 분야에 눈을 뜨게 해주었다고 하셨어. 브루노 바우만의 《실크로드 견문록》과 권삼윤의 《슬픈 바그다드》와 같은 책들은 우즈베키스탄 출장 때 길잡이 역할을 해주었다고 했고, 디자인이라……'

이대리는 책들의 제목을 수첩에 따로 메모했다.

"뭘 그렇게 열심히 적어?"

유서형 과장이었다.

"아뇨, 그냥…… 참고할 게 있어서. 참, 최대리님 보셨어요?"

"어딜 그렇게 빨빨거리며 돌아다니는지 통 얼굴 보기가 힘드네. 눈치만 슬슬 보고. 이직 준비하나?"

"그런 낌새는 없는 것 같던데요. 요즘처럼 회사가 잘 나갈 때 이직이라니요."

"허긴. 그건 그렇고 이차장이 사장님 인터뷰하러 사람들이 왔는데 동석하고 싶은 직원들은 회의실로 오라고 하시더라. 생각 있어?"

"그래요? 물론이죠."

그들은 회의실로 달려가 자리를 잡고 앉았다. 인터뷰는 편안한 분위기에서 진행되고 있었다.

기자가 물었다.

"CD-R 판매가 계속 호조를 보이고 있는데, 예상했던 일인가요?"

이대표가 대답했다.

"당시는 코닥과 HP가 이미 시장을 독점하고 있는 상황이었습니다. 거기다가 국내 제조업체들은 선두회사들을 맹추격 중이었죠. 중국산 저가 제품은 쏟아져 들어오지, 가격경쟁이 장난 아니었습니다. 디스켓 시장에서 쌓아온 브랜드의 명성을 그대로 전이시킬 수 있는 시장이 광디스크뿐이라고 판단을 한 건 저만이 아니에요. 브레인스토밍에 참여한 직원들의 공통된 의견이었어요. 장기적으로 볼 때 광디스크 시장이 가장 성장 가능성이 크고 잠재력이 높다는 생각이 들었습니다."

"디스켓에서는 줄곧 1위를 점했다 해도 광디스크 분야는 후발주자 아니었나요? 경쟁업체들과 비교해도 중위권 수준에 머물러 있었고. 판매총판도 여의치 않아 시장 진출에 약간 회의적이었을 것 같은데요. 투자 결정도 어려웠을 테고."

"세상의 모든 일이 그렇듯 마케팅 경쟁에서도 끊임없는 아이디어 개발과 인내, 그리고 끈기만이 최후의 승자를 만들 수 있다는 걸 믿었습니다. 1위를 차지하려고 성급하게 서두르지 않았다는 말이죠. 오히려 1위가 아니라는 사실을 인정하고, 스스로의 위치에 대한 인식과 그에 따른 마케팅, 유통, 판촉전략 등을 체계적으로 수립하는 데 역점을 됐습니다. 사실 이러한 결정이 경우에 따라서는 쉬워보일 수도 있지만 실제로는 매우 어려워요. 고유의 시장 영역에서는 1위를 차지했던 기업도 새롭게 진출한 산업이나 시장에서는 제 역량을 발휘하지 못한 채 퇴출당하는 경우가 허다하니까요. 바로 여기에 시장 1위 업체들이 공통적으로 갖는 마케팅 함정이 존재하죠. 특정 분야에서의 1위가 다른 분야에서 1위를 반드시 보장하는 건 아닙니다."

이메이션 브랜드가 진입 1년~2년 만에 CD-R 업계 1위로 우뚝 설 수 있었던 것은 디스켓 시장 1위 업체일지라도 새 시장에서는 1위가 아니라는 현실을 인정하는 냉정한 판단과 그에 따른 마케팅 전략을 치밀하게 준비해 밀어붙인 결과였다.

기자가 물었다.

"이메이션도 중저가의 멀티 리더와 메모리스틱 전용 리더 등을 내놓으면서 신규 시장 개척에 본격적으로 나섰는데요. 이 분야에서도 1위를 차지할 자신이 있으신가요? 경쟁업체들이 속속 뛰어들고 있는 상황 아닙니까? 더군다나 월포드가 6 in 1 타입 플래시카드 리더인 'TZAR FX'를 출시했고, LG상사는 저장장치 전문 업체 렉사미디어와 제휴하여 메모리카드 리더를 공급하기 시작한데다가, 주변기기 업체들도 시중에 사용되는 6가지 타입의 플래시메모리를 모두 지원하는 각종 멀티 리더&라이터를 선보이고 있는데 말이죠."

이대표가 대답했다.

"확답은 못 하겠습니다. 그러나 분명한 것은 현재 메모리카드 리더

시장이 월 6000대 수준에서 매분기 10%~20%대의 성장세를 보이고 있다는 사실과 이에 따라 제품 사양도 휴대형에서 탁상용까지 다양화되고 있다는 것, 가격대도 3만~7만 원대로 다변화되어 소비자들의 선택 폭도 한층 넓어지고 있습니다. 게다가 디지털카메라, MP3 플레이어, PDA, 소형오디오 플레이어 등 IT 가전이 성장했습니다. 플래시 메모리를 PC에서 편리하게 사용할 수 있는 수요가 급속도로 늘고 있지 않습니까? 그러니까 전용 리더부터 6 in 1 리더까지 제품 라인업을 한층 다변화하는 한편, 디지털카메라 업체들과의 제휴를 통해 공동 마케팅에 나서는 등 판매 확대에 더욱 적극적으로 나설 계획입니다."

디지털카메라, 일명 디카는 디지털시대에 새롭게 떠오른 생활문화다. 디카와 기존 카메라의 가장 큰 차이는 기다림과 대행문화를 없애고 본인이 직접 인화한다는 데 있다. 사진관에 현상과 인화를 의뢰하고 다시 인화된 사진과 필름을 찾으러 가는 번거로움이 사라진 것이다. 사진에 음성 안내를 담는다든지, 하나의 디렉터리 안에 사진을 묶어 슬라이드 쇼로 볼 수 있는 점도 디카의 편의성 가운데 하나다.

"디카가 새로운 문화코드로 자리잡으면서 카메라 산업에도 일대 변화가 왔습니다. 이미 카메라 시장 매출도 디카가 아날로그를 앞섰고, 혼수 품목에서도 아날로그 카메라는 사라진 지 오래입니다. 디카가 그 자리를 대신하고 있죠. 디카는 인터넷과 같은 네트워킹 가전보다 훨씬 빨리 우리 생활 중에 자리를 잡았습니다. 과거 X세대, n세대가 연령대로 구분됐다면 디카는 모든 연령을 망라하는 하나의 문화

코드라고 볼 수 있습니다."

이대리는 수첩을 꺼내 메모했다.

디지털 문화 코드의 중심에 컴퓨터가 있다면, 디카와 같은 신문화 코드도
메모리 산업의 발전과 함수 관계를 가질 것이 분명하다.

기자가 물었다.

"어떤 마케팅 전략을 갖고 계신지 궁금한데요?"

이대표가 대답했다.

"일단 10대 청소년들의 소비 욕구를 정확하게 파악해야 합니다. 정
신적 · 육체적 발달이 가장 왕성한 10대는 세상을 향한 관심의 폭도
무한대죠. 교육제도가 갖는 특수성으로 인해 입시라는 울타리에 얽
매여 있긴 해도 10대가 가진 에너지 자체를 묶어둘 수는 없지 않겠습
니까."

"좀더 자세히 말씀해 주실 수 있나요?"

"저는 조금 다른 각도에서 우리의 10대들을 바라보고 싶습니다.
1980년더 생들은 우리나라의 고도성장과 더불어 성장한 디지털 산업
의 최대 수혜자이자 소비자입니다. 10대는 이제 소비 시장의 성패를
좌우하는 핵심 주체가 되었죠. IT 산업 발전에서 10대를 빼놓고 논하
는 것은 어불성설입니다."

2002년 월드컵 때 한국을 찾은 외국인들을 놀라게 한 것 가운데 하

나가 모두들 손에 들고 있는 이동전화기와 다양한 벨소리였다고 한다. 10대들의 생활에서 빼놓을 수 없는 문자 메시지, MP3, 초고속인터넷, 온라인게임 등은 오늘날 한국의 IT 산업을 대표하는 것들이다.

"IT 강국 한국의 중심에는 우리 청소년들이 있습니다. 오늘날 한국 IT 산업의 고도성장과 세계가 부러워하는 지속적인 신제품 출시는 10대들의 간접적인 도움 없이는 불가능했는지도 모릅니다. 단순히 학교 성적과 수능 점수만으로 10대를 평가하고 단정 짓겠다는 것은 위험천만한 발상이죠. 10대들에게 창의적 사고와 참신함을 요구하는 것이 더욱 미래지향적입니다."

이장우 대표의 인터뷰는 얼마 후 신문에 기사화되었고 그때부터 본격적으로 독서경영이란 말이 사용되기 시작했다.

독서는 직원도 춤추게 한다

이대표가 인터뷰를 마치고 회의실을 나설 때 최태호 대리와 마주쳤다.

"사, 사장님……."

이대표는 빙그레 웃으며 최대리의 어깨를 툭 쳤다.

"피곤하면 들어가 쉬어. 그런데 자네 《가르시아 장군에게 보내는 메시지A Message to Gorcia》 읽어봤나?"

"아뇨, 아직……."

"경영자들이 인적 자원을 어떻게 관리해야 하는지, 직장인들이 자신의 일에 어떤 태도로 임해야 하는지 상징적으로 보여주는 내용이네. 러·일전쟁 때 전장의 러시아 병사들이 군용배낭에 한 권씩 넣고 다녔다고 해서 유명해진 책이야."

쿠바 독립전쟁 당시, 대통령의 편지를 쿠바의 반군지도자인 가르시아 장군에게 전달하는 임무를 맡게 된 로완 중위는 '성실함'과 '책임감'이 강한 인물이었다. 이 같은 태도가 결국 그를 위대한 인물로 만들었다. 기술과 시스템이 아무리 발전해도 그보다 더 중요한 것이 있다. 다름 아닌 주어진 일에 임하는 사람의 자세다.

"《아침형 인간100日で朝型人間》은 읽어봤는가?"

최대리가 고개를 저었다.

"책값 신청자 1위라면서 아직 그 책도 못 봤다는 건가?"

"그, 그게……."

멘토북 돋보기

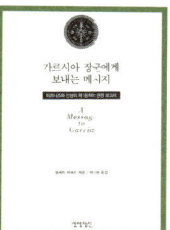

가르시아 장군에게 보내는 메시지 A Message to Garcia
엘버트 허바드 지음 | 한기찬 옮김 | 경영정신

미국이 쿠바를 스페인으로부터 독립시키기 위해 전쟁을 치를 당시의 실화를 바탕으로 쓴 책이다. 자신이 맡은 임무에 대한 성실함, 신뢰, 명예, 가치의 전형 등을 제시하고 있어 비즈니스뿐 아니라 인생의 원칙을 세우는 데에도 큰 도움이 된다.

"내가 겨우 자명종을 누르고 이불 속으로 기어들어갈 때 그는 공원을 산책하며 하루를 설계한다. 내가 두 번째 자명종을 누르며 지겨워할 때 그는 아내와 아침식사를 한다. 내가 치약을 짜고 있을 때 그는 아내의 웃음 띤 인사를 받으며 출근한다. 내가 허겁지겁 집을 나서 콩나물시루 전철 속에서 땀을 흘릴 때 그는 한산한 전철에서 책을 읽거나 하루의 스케줄을 챙긴다. '나'와 '그' 가운데 누가 인생의 승자가 될까?"

"그……겠죠."

《아침형 인간》의 저자는 일본에서 '사이쇼식 아침형 심신 건강법'으로 각광받는 의사다. 그는 '아무리 밤이 즐거워도 아침과 맞바꾸지 말라'고 권한다. 야행성 생활에 젖어들면 생활 리듬이 깨지고 만성적인 수면 부족에 시달린다. 야행성 생활의 가장 심각한 폐단은 '아침 우울증'이다. 일어나기 싫고 무기력해지면서 매사에 수동적으로 변한다. 특히 야행성 인간들은 저녁어 술로 우울함을 달래거나 어떤 대상

멘토북 돋보기

아침형 인간 100日で朝型人間
사이쇼 히로시 지음 | 초현숙 옮김 | 한스미디어

이른 아침에 일과를 시작하여 아침시간을 적극 활용함으로써 성공적인 삶을 살 수 있는 생활을 제시한다. 야행성 생활이 인간의 정신과 건강에 어떤 악영향을 미치는지, 아침형 생활이 왜 자연의 리듬에 부합하는 것인지 보여주면서 아침형 인간으로 변화하기 위한 14주(100일) 프로그램을 제시한다.

에 집착함으로써 악순환의 고리를 끊지 못한다.

인류는 지난 수백만 년 동안 해가 지면 자고 해가 뜨면 일어나는 자연순응형 삶을 살아왔다. 그러나 현대인은 일 때문에 또는 유흥을 위해서 점점 더 밤늦게까지 잠 못 드는 '야행성 인간'이 되어가고 있다. 그리고 몸과 정신이 망가지고 아침을 잃었다. 몽롱한 정신과 피로가 가시지 않은 몸으로 허둥대며 아침을 맞는 사람들은 시간에 쫓기고 일에 떠밀려 하루를 지낸다.

"아침을 지배할 줄 아는 사람은 하루를 지배할 수 있고, 하루를 지배하는 사람은 자신의 인생을 다스리고 경영할 수 있다지."

사실 최태호 대리는 어제도 새벽까지 술을 마시다 취해 길에서 쓰러져 잤다. 이장우 대표와 맞닥뜨렸을 때는 이제 막 정신이 들려던 참이었다. 이대표는 회사에서 받은 책값으로 책을 구입했는지의 여부는 확인하지 않겠다고 했다. 씀씀이가 큰 최대리는 그 돈으로 1주일에 두세 번씩 밤새 술을 마셨고, 회사에서는 주변만 맴돌았으며, 퇴근 시간만 칼같이 지키는 생활을 몇 달째 하고 있었다.

최대리는 휴게실로 이신우 대리를 불러내어 그간의 일들을 상세히 얘기하고 조언을 구했다. 최대리의 주된 궁금증은 '사장님께서는 자신의 실수에 대해 왜 아무 말도 하지 않고,《가르시아 장군에게 보내는 메시지》와《아침형 인간》이야기만 꺼냈을까?' 였다.

"자율과 능동에 대한 메시지를 전달하시려 했던 게 아닐까요?"

이대리가 입을 열었다.

"자율과 능동?"

"그 책 빌려드려요?"

"오, 그래 고마워. 오늘 퇴근길에는 진짜로 책 한 권 사봐야겠군. 어렵지 않은 것으로 추천하고 싶은 책이 더 있나?"

"음…… 사장님이 권한 책들과 비슷한 느낌의 책이 하나 생각나는데요. 《칭찬은 고래도 춤추게 한다Whale Done! : The Power of Positive Relationships》 아세요? 저자는 미국 플로리다 해양박물관의 조련사들이 칭찬으로 범고래와 친구가 되는 모습을 보고 힌트를 얻어 '칭찬'으로 인간관계를 좋게 만드는 법과 그 사고방식이 어떠한 것인지를 책으로 엮었죠."

"칭찬?"

"단순히 칭찬을 많이 하라는 식의 추상적인 제안이 아니고요. '뒤통수치기 반응', '고래 반응' 등의 개념을 통해 어떻게 긍정적인 것에 집중하여 좋은 결과를 이끌어낼 수 있는지 구체적으로 알려줍니다.

멘토북 돋보기

칭찬은 고래도 춤추게 한다
Whale Done! : The Pcwer of Positive Relationships
켄 블랜차드 지음 | 조천제 옮김 | 21세기북스

인간관계에 긍정적인 효과를 가져다 주는 칭찬을 조직에 어떻게 적용할 수 있는지, 칭찬으로 인한 부작용은 어떻게 피할 수 있는지 조직관리 차원에서 실무적이고 구체적으로 제안한다. 이야기 형식을 빌려 쉽고 간결하면서도 핵심을 짚어가며 제시해 준다.

가령 '뒤통수치기 반응'은 잘 하고 있을 때는 무관심하다가 잘못된 일이 생겼을 때만 흥분하고 질책하는 태도를 말하는데, 이 뒤통수치기 반응에 둘러싸인 환경에서는 결코 사람들이 최선을 다하지도 열정을 바치지도 않는다고 해요."

"그래서?"

"고래 반응의 핵심은 이런 거예요. 범고래가 쇼를 멋지게 해냈을 때는 즉각적으로 칭찬하고, 실수를 했을 때는 질책하는 대신 관심을 다른 방향으로 유도하며, 중간 중간 계속해서 격려하죠. 생각해 보니 사장님께서 아무 말씀 안 하신 것도 다 이유가 있는 거 같네요. 최대리님을 춤추게 하기 위해서? 흐흐."

자리로 돌아간 최태호 대리는 오랜 만에 이메일을 열어 확인했다. 이장우 대표의 메일이 도착해 있었다. 그는 떨리는 마음으로 이대표의 메일을 클릭해 열어보았다.

● ● ●

독서 이메일 _ 내 삶의 중심에 둘 것은

"세상일을 통제하는 것은 우리가 아니라 원칙이다. 우리는 자신의 행동을 통제하지만, 행동의 결과는 원칙이 통제하는 것이다."

《원칙중심의 리더십 Priciple-Centered Leadership》에 나오는 말이네. 물리적 세계를 지배하는 원칙이 있듯 인간세계를 지배하는 원칙도 있지. 원칙이란 지난 수세기 동안 모든 위대한 사회와 문명에 걸쳐 점진적으로 전해져 내려온 자연법칙이자, 지배적인 사회가치야. 저자인 스티븐 코비는, 존경받는 내면의 힘과 진정한 리더십을 얻으려면 삶의 중심에 원칙을 놓아야 한다고 했네. 원칙 중심의 삶이야말로 혼돈과 변화의 급물살 속에서 나 자신을 지탱하게 해주는 가장 안정적이고 흔들리지 않는 기초가 되어주지. 자네의 개인적인 사정에 대해서는 묻지 않겠네. 내가 분명히 말했지. 회사에서 지급하는 책값을 책 사는 데 쓰든, 다른 일에 쓰든 상관하지 않겠다고. 나는 자네가 이번 일로 무언가 느끼는 바가 있을 거라고 믿네. 그렇다면 그걸로 족한 거야. 지금 당장은 그렇지 않더라도 언젠가는 느끼게 될 것이고.

시간이 나면 쇼펜하우어의《행복의 철학Die Kunst, Glucklich Zu Sein》한번 읽어보게.

쇼펜하우어는 못생긴 얼굴 때문인지 평생 여자들에게 퇴짜를 맞았어. 게

멘토북 돋보기

원칙중심의 리더십 Principle-Centered Leadership
스티븐 코비 지음 | 김경섭, 박창규 옮김 | 김영사

원칙 중심의 리더는 급변하는 환경에서도 자신과 조직의 올바른 방향을 제시하고 잠재능력을 극대화한다. 영원불변의 원칙들을 생활의 중심으로 삼는 방법을 이야기함과 동시에 더욱 균형 있고 신뢰받는 인간관계를 위한 자기계발 리더십 분야의 새로운 기준을 제시한다.

다가 성전에는 거의 무명에 가까운 학자로 설움을 당했지. 당대 최고의 인기를 누리던 헤겔에 맞서 강좌를 개설하기도 했는데, 수강생이 오지 않아 처참하게 실패하기도 했네. 그는 결국 교수직을 포기하고 프랑크푸르트에서 28년 동안 은둔자로 지냈지. 유행에 뒤진 옷차림과 금욕적인 생활을 고수하면서 말이야.

그런 그가 행복론을 썼다니 참으로 역설적이지 않은가? "현자는 쾌락이 아니라 고통 없는 상태를 추구한다"는 아리스토텔레스의 말처럼 그는 즐거움을 좇기보다는 고통을 줄이는 데 관심을 두려고 했네.

고통은 삶의 본질이지. 외부로부터 흘러드는 것이 아니라 우리 내면에 간직돼 있어. 그러나 우리는 쓰디쓴 약과 같은 이 인식 앞에서 대개 눈을 감아버리지. 여러 가지 핑계를 대며 고통의 원인을 외부에서 찾아내려 해. 그는 '자유로운 자가 노예로서 주인을 모시고 싶어 우상을 생각해 내는 것과 같다'고 꼬집었지. 삶의 즐거움이나 편안함에 연연하지 말고 되도록 불행과 재앙을 피하는 일에 전력하라는 얘기네. 그는 또 "어떤 사람

멘토북 돋보기

행복의 철학 Die Kunst, Glucklich Zu Sein
쇼펜하우어 지음 | 정초일 옮김 | 푸른숲

염세주의적 삶을 산 쇼펜하우어는 불행에서 벗어나려는 의지를 견딤의 철학, 삶의 철학으로 표현했는데, 그 글들을 찾아 재구성한 글모음이다. 행복과 불행은 결국 자기 마음속에 있다는 메시지를 통해 고통스럽게 살아가는 사람들에게 위로의 메시지를 전한다.

의 인생에 무슨 일이 일어나는가보다 더 중요한 것은 그 사람이 어떻게 느끼고 받아들이는가다"라고 했네. 삶의 수용 자세에 따라 행복의 의미가 달라진다는 사실을 일깨워주는 구절이지.

최대리! 기운내고, 새롭게 출발하자고.

● ● ●

가슴이 뭉클해진 최태호 대리는 다시 휴게실로 가 줄담배를 피웠다. 그리고 마지막 담배를 태우면서 담뱃갑을 있는 힘껏 구겨버렸다.

"마지막이다."

최대리는 그날로 담배와 술을 끊었다. 퇴근 후에는 서점에 들러 이신우가 추천해 준 책을 샀고, 다음날부터 1시간씩 일찍 출근해 책을 읽었다. 한 달 뒤, 최대리는 다시 책값 신청자 1위를 차지했다. 이번에는 진짜였다. 그리고 연말에는 과장으로 진급했다.

그해 이메이션의 총 매출액은 231억 원이었다. 최대리는 큰 소리로 만세를 불렀다.

책과 관련된 주제로 대화를 나누고 있는 이메이션코리아 직원의 모습. 이 회사에 자리
잡은 독서 문화의 특징은 타인의 간섭이나 강제가 없다는 점이다. 또한 누구나 책에 관
심을 갖고 업무 중에도 책 이야기를 자연스럽게 나눌 수 있는 분위기다.

독서경영 10계명

8

멘토를 만들어라

세상이 한 권의 책이라고 한다. 바로 그 책 속에 우리의 스승, 멘토가 있다. 그들이 전해 주는 이야기는 어마어마한 규모의 복합도서관보다 더 소중할 수도 있다. 자신이 진정 닮고 싶은 멘토를 골라 그가 쓴 책을 읽자. 또 그들이 좋아하는 인물에 관한 책도 하나씩 찾아 읽자. 험한 세상을 한 발 먼저 걸어간 그들의 발자국이 책갈피마다 찍혀 있을 것이다.

스스로 공부하는 직원들

일상의 일들이 모두 독서다

2004년 1월, 7박 8일간의 인도여행 일정이 잡혔다. 이신우 대리와 유서형 과장은 여행 때 가져갈 물건들을 구입하기 위해 회사 근처 대형 마트에 들렀다. 매년 초 발리, 베트남, 앙코르와트, 뉴질랜드 등지로 다녀온 직원 단체여행 경험 때문인지 무얼 사야 할지 금세 눈에 보였다. 혼자 사는 이신우는 주로 입을 것을, 입맛이 까다로운 유과장은 주로 먹을 것을 카트에 던져넣었다.

"디카다!"

유과장이 가리킨 곳은 작은 규모의 디지털 카메라 매장이었다.

"유과장님 디카는 어떤거죠? 기종 업그레이드 하시게요?"

"생각 중이야. 마음에 드는 게 있긴 한데……."

사내에 사진 클럽이 만들어진 계기는, 메모리카드를 팔기 위해서는 먼저 디카를 알아야 한다는 분위기 때문이었다. 직접 디카로 사진을 찍어봐야 무엇이 불편한지, 필요한 것은 없는지 알 수 있다는 취지였다. 본사에서는 이미 메모리카드와 USB 플래시 드라이브 등을 차세대 제품군으로 키우려는 계획을 세워놓고 있었다.

USB 플래시 드라이브는 데이터를 저장하거나 옮기기 편한 소형 저장장치로서 기존 플로피 드라이브나 CD-R을 대체하여 아시아에서 가장 먼저 시장이 형성된 제품이었다. 2003년, 미국의 USB 플래시 드라이브 출하량은 1500만 대나 되었다. 플래시메모리 칩 가격이 내려가면서 수요량이 급속도로 늘어난 것이었다.

지난 1952년, 세계 최초의 데이터 저장 미디어가 탄생한 이후, 그간 스토리지는 눈부신 기술발전과 함께 테이프 카트리지, 하드디스크 드라이브HDD, 플래시메모리 드라이브 등 다양한 형태, 메가톤급 저장용량을 가진 새로운 매체로 거듭났다. 이제 스토리지는 컴퓨터의 데이터를 저장·보관만 하는 단순한 기능을 뛰어넘어, 무한한 활용 가능성을 지닌 생활 보조수단으로 자리매김한 것이다. 디지털카메라의 보급, PDA와 스마트폰 시대의 개막, 고성능 게임기의 대중화는 누구나 스토리지를 가지고 다녀야 하는 필수품으로 변모시켰다.

"격세지감입니다."

이대리가 말했다.

"뭐가?"

"불과 몇 년 전만 해도 큰맘 먹고 사야 할 만큼 가격이 비쌌고, 메모리카드 하나 사기 위해 몇 있지도 않은 전문 판매점을 일일이 발품을 팔아 찾아다녀야 할 정도였잖아요. 그러나 요즘에는 웬만한 할인점과 매장에도 디카용 메모리카드와 휴대용 플래시메모리 드라이브가 있죠."

"바야흐로 '모바일 스토리지의 세상'이 도래한 셈이지."

"그러게요. 저도 외출할 때 가방 안에 디카랑 메모리카드, 플래시메모리 드라이브, 노트북, PDA 모두 들고 다닌다니까요. 대체 언제부터 그랬다고."

"출장 갈 때 생각해 봐. 옷이나 비상약 같은 것보다 디카랑 메모리카드를 먼저 챙기게 된다니까."

마트를 나온 그들은 대형 서점으로 향했다. 여행 때 가져갈 책을 고르기 위해서였다.

"아니. 최과장님. 어쩐 일이십니까?"

최태호 과장이 서가 바닥에 주저앉아 책을 읽고 있었다. 그가 딴 사람으로 변했다고는 하지만, 이전의 그를 생생히 기억하는 이대리로서는 그의 모습이 너무나 낯설었다.

"뭐야. 유서형, 이신우. 당신들 사귀는 거야?"

"에? 최과장도 참……. 내가 어딜 봐서……."

유과장이 손사래를 쳤다.

"허 참, 섭섭한데요."

이대리가 멋쩍게 웃으며 최과장 앞에 쭈그리고 앉았다.

"무슨 책입니까? 벌써 눈시울이 뜨거워진 거 같은데."

"아 이거?《미쳐야 미친다》. 어제 박차장님과 저녁 먹으면서 내가 그랬지. 잘 해보려고 노력은 하는데 아무래도 역량이 부족한 것 같다. 그랬더니 이 책을 추천해 주시더라고. 정말 울면서 읽고 있다."

세상에 미치지 않고 이룰 수 있는 큰일이란 없다. 한 시대를 열광케 한 지적·예술적 성취 속에는 언제나 스스로도 제어하지 못하는 광기와 열정이 깔려 있었다.

"마니아 기질을 오늘날의 경영자나 비즈니스맨에게 적용하면 '자신의 핵심 역량을 키우는 것'과 맞닿아 있다는 얘기지. 좋아하는 일에 몰두하고 이를 즐기는 '펀 매니지먼트Fun Management'와도 상통하고 '신바람 경영'이나 '열정 경영', '감성 경영'까지도 이어지지."

책을 고른 그들은 패스트푸드점으로 들어가 계속 이야기를 나누

멘토북 돋보기

미쳐야 미친다
정민 지음 | 푸른역사

박지원, 박제가, 정약용, 허균, 이덕무 등 18세기 조선의 지식인들은 당대의 마이너였으나 그들만이 가질 수 있었던 열정과 광기로 후대인을 열광케 하는 지적·예술적 성취를 이루었다. 미치지 않곤 이룰 수 없었던 그들의 열정적 생애는 오늘날에도 많은 생각거리를 제공해 준다.

었다.

먼저 이대리가 입을 열었다.

"핵심 역량은 과연 어디서 나올까요?"

"김영(1749년–1817년)이라고, 독학으로 신수의 경지에 오른 천문학자가 있어. 혼자서 《기하원본》을 익히다 수학에 흥미를 느껴 15년간 역상曆象을 파고들었는데, 마침내 남들이 넘볼 수 없는 높은 경지에 이르렀다지. 김영은 관상감 책임자로 있던 산학의 대가 홍길주의 조부 홍락성의 도움으로 관상감에 기용돼. 이후 천문역학에 관한 해박한 지식을 인정받아 정조의 신임을 얻고 특례로 역관에 발탁되지. 하지만 과거시험 없이 전문직인 관상감에 발탁된 전례가 없었다는 이유로 온갖 시기와 질투에 시달렸어."

"그런데요."

"성깔 있던 그는 결국 더러운 꼴을 참지 못하고 벼슬을 걷어찼지. 그러고는 《주역》 공부에 심취했어. 그런데 학문의 성취가 높아질수록 주변의 질시는 높아갔지. 결국 그는 공부만 하다 굶어죽고 말았어. 홍길주가 《김영전》에 이렇게 썼지. '세상은 재주 있는 자를 사랑하지 않는다' 라고……"

콜라를 마시던 유과장이 최과장의 말을 받았다.

"그러니까 현대식으로 바꿔 말하면 이런 거네. 스스로 자기계발에 열중해 능력을 갖추고 끊임없이 '학습 프로그램' 을 구축했지만 세상이라는 조직은 우호적이지 않았다. 인재발굴과 발탁이라는 CEO의

혜안은 있었으되, 그를 키우고 쓰임새를 넓히는 인재 활용의 체계가 미흡했고 조직 구성원들도 그와의 협업정신이나 팀워크를 살리지 못했다."

"유과장 말이 맞아. 핵심 역량을 발휘하기 위해서는 체계, 즉 '지렛대'와 같은 것이 필요한 거야. 노긍(1737년-1790년)이라고, 과거시험만 봤다하면 급제한 사람이 있었지. 한번은 과거시험을 치르다 옆자리에 있는 늙고 가난한 동향의 선비가 빈 답안지 앞에서 비척대는 것을 보고 선뜻 제 답안을 넘겨줬는데, 덕분에 그 선비가 높은 등수로 합격했다는 얘기도 있어. 하지만 정작 자신처럼 몰락한 잔반에게는 벼슬의 기회가 오지 않았지. 요즘으로 치면 족집게 학원강사로 연명하다 시험 답안지 팔아먹은 놈이란 오명을 뒤집어쓰고 학원가에서 영원히 퇴출당한 격이랄까? 지식인을 경계인으로 떠돌다 죽게 만든 사회 시스템의 단면을 극명하게 보여주는 예지. 차가운 방에서 책을 읽다 동상에 걸리고 손가락이 부어 피가 터지면서도 책 빌려달라는 편지를 썼던 '책에 미친 바보' 이덕무(1741년-1793년)나 문장공부까지 포기하면서 경국제세에 몰두했지만 아무도 알아주지 않았고 자신의 재주를 써먹을 데 없었던 박제가(1750년-1805년)도 마찬가지 경우였어. 안타까운 일이지."

"역량이 없는 사람은?"

이대리가 우적우적 얼음을 씹으며 물었다.

"내가 이 대목에서 울었잖아. 이 세상에 역량이 없는 사람은 없어.

김득신(1604년-1684년)은 엽기적인 노력으로 이를 극복한 사람이지."

그는 나이 스물이 되어서야 겨우 글 한 편을 지었다. 우여곡절 끝에 성균관에 들어가기는 했으나 늘 외워 읽기를 반복해야 할 정도로 많은 면에서 부족한 이였다. 그가 책을 읽을 때마다 자신이 읽은 횟수를 빠짐없이 적어둔 것도 그 때문이다. 그의 〈독수기〉는 유명하다. "《백이전》1억 1만 3000번. 《노자전》, 《분왕》, 《벽력금》, 《주책》, 《능허대기》, 《의금장》, 《보망장》은 2만 번. 갑술년(1634)부터 경술년(1670)까지. 《장자》, 《사기》, 《대학》, 《중용》은 많이 안 읽은 건 아니나 읽은 횟수가 만 번을 채우지 못했기 때문에 싣지 않는다."

당시의 1억은 지금의 10만을 가리키는 단위이므로 그가 실제 《백이전》을 읽은 횟수는 11만 3000번이다.

"김득신은 마침내 큰 시인이 되었지."

최과장의 눈이 전에 없던 자신감으로 빛났다.

"끝이 무디다보니까 구멍을 뚫기가 어려운 거지, 한번 뚫기만 하면 크게 뻥 뚫리는 법 아니겠어? 한번 보고 안 것은 얼마 못가 남의 것이 되지만, 피땀 흘려 얻은 것은 평생 내 것이 되는 것과 같은 이치지. 끝까지 산을 지키는 것은 구부러지고 못생긴 나무라고."

"최과장님, 정말……."

이신우는 말을 잇지 못했다. 사실 그는 최태호 과장에 대해 그다지 우호적이지 않았다. 그 동안 최과장이 보인 실망스런 모습들, 가령 회사에서 받은 책값으로 술을 먹거나 했던 일들이 머릿속에 각인되었기 때문이다.

"사장님이나 박차장님, 유서형 과장, 그리고 너 같은 사람들 덕분에 내가 많이 변했지. 배울 점들이 많아."

"제가 뭘요."

"아니야. 고수들은 뭔가 달라도 달라. 그들은 아무나 못 보는 것들을 단번에 읽어내지. 핵심을 찌른다고. 사물의 본질을 투시하는 맑고 깊은 눈에는 평범한 것에서 비범한 일깨움을 이끌어내는 통찰력이 담겨 있어. 이옥(1760년-1813년)이라는 인물은 담배를 몹시 사랑한 나머지 담배의 역사를 체계적으로 정리할 만큼 담배에 벽癖이 있는 사람이었어. 연기에 관한 글인《연경》에서 담배를 소재로 법문을 펼치는데, 아 진짜, 그 행간에 불교의 연기설에 대한 비판이 놀랍도록 정연하게 담겨 있더라고."

이대리와 유과장은 거의 동시에 감탄사를 내뱉었다. 더 이상 예전의 그가 아니었다.

"박지원은 '관재'라 이름 붙인 벗의 집을 위해 글을 써주면서 '헛것을 보지 말고 제대로 보라'고 일침을 놓았지. 또 홍길주(1786년-1841년)는《문장론》을 통해 '아주 같다고 해도 안 되고, 같지 않다고 해도 또한 안 되는 것이야말로 천하의 지극한 문장'이라고 했어. '문장은 책 속에만 있는 것이 아니다. 일상의 자질구레한 일들이 모두 독서다'라고도 했고."

"일상의 자질구레한 일들이 모두 독서다. 멋진 말인데요."

이신우 대리가 맞장구를 쳤다.

"역시 너는 고수야, 이신우."

최과장이 이대리의 어깨를 툭, 쳤다.

세 사람은 패스트푸드점에서 나와 유서형 과장의 차에 올라탔다. 유과장은 새로운 최태호를 만난 기념으로 특별히 'To Door' 서비스를 해주겠다면서 힘차게 액셀러레이터를 밟았다. 조수석에 앉은 최과장이 경쾌한 음악을 틀었다.

"인도야 우리가 간다!"

인도에서도 이어지는 책이야기

인도 델리에 도착한 이메이션코리아 직원들은 공항에서 빠져나와 잡담을 나누거나 디지털카메라로 사진을 찍으면서 호텔로 가는 버스를 기다렸다.

"박차장님."

이신우 대리가 트렁크에 걸터앉아 독서 중인 박진욱 차장에게 말을 걸었다.

"그 책은 뭐죠?"

박차장은 대답 대신 책을 들어보였다.

"《감성 바이러스를 퍼뜨려라》?"

"혹시 《아톰@비트》 읽어봤나? 그 책의 저자이기도 한데. 젊은 나이인데도 세상을 높고 넓게, 그리고 깊게 볼 줄 아는, 남다른 지혜와 재능의 소유자란 생각이 들더군."

"왠지 관심이 가는데요."

"여행 다니면서 가볍게 읽을 만한 책이지. 일단 내용이 재미있어. 진정한 '스토리텔링'이 무엇인지 보여주지. 제2차 세계대전 당시 '사막의 여우'로 알려진 롬멜 장군으로부터 아라비아의 로렌스, 일본 전국시대의 오다 노부나가, 도요토기 히데요시, 도쿠가와 이에야스를 비롯 미국의 닉슨과 레이건 대통령, 인디언 이야기, 산악인 엄홍길, 세일즈, 마케팅, 비즈니스 등 갖가지 얘기가 봇물처럼 터져나오는데, 책장이 빨리 넘겨지는 게 두려울 정도라고 해야 하나? 책을 빨리 읽어버리면, 진공 상태가 될 감동의 자리를 무엇으로 다시 메울 수 있을까 싶을 정도야."

이대리가 고개를 끄덕이다 물었다.

"진정한 스토리텔링요?"

"물처럼 흘러가는 이야기를 읽어 내려가다 보면, 마치 물레 옆에 앉아 씨줄과 날줄이 엮여 한 필의 옷감이 짜여지는 것을 보는 듯한 느낌이 든다고나 할까? 그가 하고 싶은 얘기는 이런 게 아닐까 싶어. 감성을 퍼뜨리기 위하, 즉 누군가에게 감동을 주고 감동을 받은 그 누군가가 또 다른 이에게 감동을 전하는 일이 계속되려면 스토리텔링에 강해야 한다. 다시 말해 누군가의 잠재된 욕망을 자극해 공감을 이끌

어내려면, 해박한 지식과 논리가 아닌 감성이 담긴 이야기로 설득해
야 한다는 것이지. 세일즈맨이라면 꼭 한번 읽어봐야 할 것으로 생각
하네."

잠시 후, 인심 좋아 보이는 인상의 백발노인이 버스를 몰고 나타났
다. 버스에 올라탄 직원들은 통로를 따라 안쪽으로 걸어 들어가며 안
쪽에서부터 빈 좌석을 메웠다. 모든 직원이 자리에 앉자 버스는 호텔
을 향해 출발했다.

이대표는 호텔로 가는 내내 보조좌석에 앉아 운전사와 대화를 나누
었다. 그리고 호텔 앞에 도착했을 때 두 사람은 둘도 없는 친구가 되
어 있었다. 이대표의 뒤를 따르던 이근수 차장이 물었다.

"무슨 얘길 그렇게 하셨어요?"

"하하. 별 얘긴 아닌데. 자네 《서비스의 달인 The Soul of the Firm》이라
는 책 읽어봤나?"

"아뇨, 아직."

맨토북 돋보기

서비스의 달인 The Soul of the Firm
윌리엄 폴라드 지음 | 김성웅 옮김 | 낮은 울타리

미국의 최대 용역서비스업체 '서비스마스터'의 경영기법을 소개한 책. 저자
는 이 회사의 창업주 매리언 웨이드의 말을 인용해 가며 기업경영에 필요한
여러 가지 요소를 생생한 일화를 곁들여 싣고 있다. 특히 수익보다는 기업의
핵심 역량 키우기에 초점을 맞추라고 강조한다.

"미국인들이 가장 존경하는 기업인 '서비스마스터' 얘기야. 남들이 꺼리는 3D 업종에 자진해서 뛰어든 기업인데, 화장실 청소에서부터 해충박멸, 병원관리, 재난구조에 이르기까지 더럽고, 위험하고, 어려운 일이 있는 곳이면 어디서나 이 회사를 만날 수 있지. 현대 경영학의 아버지라 불리는 피터 드러커가 '거대 서비스 기업의 직원들에게 자존심과 생산성, 그리고 삶의 보람을 어떻게 불어 넣는지 알려주는 책'이라고 극찬했지."

"아!"

"여하튼, 변호사와 교수 자리를 내놓고 서비스마스터의 중역으로 부임한 윌리엄 폴라드는 부임하자마자 종합병원 청소용역 팀을 맡았지. 허드렛일도 직접 했고 말야. 어느 날 그가 복도에서 대걸레질을 하고 있는데 한 여인이 물었지. 당신이 폴라드인가요? 아내의 먼 친척이었던 그녀는 크게 놀라며 '혹시 변호사 아니었냐?'고 다시 물었어. 그러자 그가 대답했지. '아닙니다. 이게 저의 새 직업입니다.' 신을 섬기듯 사람을 섬기는 자세랄까?"

이차장이 고개를 갸웃했다.

"냉정하게 들릴 수도 있겠습니다만, 조직이나 회사의 가치가 아닌, 개인과 가정의 가치를 더 존중하면서도 어떻게 초일류 기업에 버금가는 생산성을 올릴 수 있었을까, 갑자기 궁금해집니다."

이대표가 미소를 지으며 대답했다.

"그 비밀은 '서번트 리더십Servant Leadership(군림하지 않고 이끌어가기)'

에 있네. 이런 말이 있어. '돈은 비료와 같아서 쌓아놓을수록 좋은 냄새가 나지 않는다. 수익에만 초점을 맞추면 핵심 역량을 키우는 데 실패하고 결국 고객을 잃고 만다.' 이 회사 순익이 얼마인지 아나? 매출액의 50%라네. 폴라드는 '왜 사람 몸뚱이 전체를 고용해? 필요한 건 두 손뿐인데'라고 했던 헨리 포드를 비판하면서 '기업정신을 보호하고 육성하기 위해서는 두 손 이상의 전인격이 필요하다'고 반박했어. 그렇다고 그가 매사에 말랑말랑했을까? 전혀 그렇지 않네. 그는 일을 성취하려면 리더에게 저돌적인 창업자 정신이 있어야 한다고 강조했지. 일하는 사람들에게 힘이 되면서 서비스도 할 수 있는 창조적 추진력 말일세. 돌아보면 우리 사회의 위기를 몰고 온 주범은 진정한 서비스 정신을 잃어버린 사람이야. 나와 남을 서로 존중하는 서비스 마인드만 갖추면 걸레 한 장, 양동이 하나로도 세상을 바꿀 수가 있다네."

'서비스 마인드로 세상을 바꾼다……'

이차장이 물었다.

"운전사분과 계속 그 얘길 하신 겁니까?"

"그건 아니고. 그분이 버스회사 회장님이시더라고. 1주일에 한 번은 종일 자기가 운전대를 잡으신다네. 다른 일을 하다가 정리하고 버스회사를 인수하는 바람에 모르는 게 많다나. 그분 얘길 듣다 보니 윌리엄 폴라드가 생각나서."

이차장의 머릿속에 여러 가지 생각들이 떠올랐다. 회사를 그만두고 사업을 시작할까 아니면 계속 일을 할까 고민하던 차였기 때문이다.

이대표와의 대화를 통해 자신의 계획에도 어느 정도 확신이 생겼다.

'서비스 마인드로 세상을 바꾼다는 사람들이 있는데 나는 어떠한 가……'

숙소에 짐을 푼 이메이션코리아 사람들은 다음날 아침까지 자유시간을 갖기로 하고 뿔뿔이 흩어졌다. 사진 클럽 멤버들은 사진전 준비도 할 겸 갠지스 강으로 사진을 찍으러 갔다. 그러던 중 강 쪽으로 내려가는 길에서 인도의 선승들과 마주치게 되었다.

"여기서는 시간이 느리게 가는 듯한 느낌이 들어. 서울에서는 하루가 한 시간처럼 후딱 지나가곤 했는데 말야."

최태호 과장이 디카로 선승의 모습을 찍으며 말했다.

"누구에게나 녹록지 않은 게 삶이죠. 모든 게 마음먹기에 달렸다고는 해도 어디 그게 쉬운 일인가요. 모든 괴로움이 마음에서 나온다고 했으니 그 짐을 벗는 일도 결국 자기로부터 시작되는 것 아니겠습니까?"

이신우 대리가 사진을 찍고 있는 최과장의 모습을 찍으며 대꾸했다.

"선승처럼 말씀하시네. 하하."

"일본의 유명한 선승 이큐 선사가 길을 가는데, 어떤 사람이 숲에서 뛰어나와 다짜고짜 물었다고 합니다. '불법은 어디에 있는가?' 이큐가 '가슴 속에 있다'고 대답하자 그는 단도를 뽑아 들고 '그렇다면 이

것으로 네 가슴을 열어 진짜인지 확인해 봐야겠다' 면서 덤볐다는군요. 그러자 이큐가 담담히 이런 시 한 수를 들려주었답니다. '때가 되면 해마다 피는 산 벚꽃, 벚나무를 쪼개보라 거기에 벚꽃이 있는가!' 일본 선승들의 일화집《다섯 줌의 쌀》에 실려 있는 얘기죠."

"하고 싶은 얘기가 뭐야?"

"때가 되면 꽃피우게 될 거라고요."

"얼버무리지 말고 제대로 말해 봐."

"얼버무리는 게 아니에요. 그 책은 일상이 고단하더라도 웃음을 잃지 말라는 일화집입니다. 거기에 나오는 한 대목을 말한 것뿐이에요. 이렇게 휴가도 나왔는데 마음에 여유를 갖고 삶을 돌아보게 만드는 책 한 권 읽어보는 것도 나쁘지 않잖아요."

멍하니 이대리의 말을 듣던 최과장은 고개를 끄덕였다.

"듣고 보니 그렇군. 여유를 가지는 것도 중요한 일이지. 그 책 혹시 가지고 왔나? 나 좀 빌려줄 수 있어?"

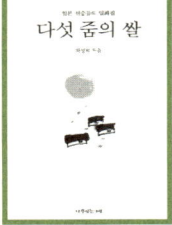

그때였다. 멀리서 유서형 과장의 비명이 들려왔다. 이대리와 최과장은 사진을 찍다 깜짝 놀라 소리가 난 쪽으로 달려갔다.

"무슨 일이야?"

최과장이 물었다.

"메모리카드를 교체하다 실수로 바닥에 떨어뜨렸는데 저 소가 밟고 지나갔어."

엉덩이를 씰룩이며 걸어가던 소가 유과장을 힐긋 쳐다보았다.

"앙코르와트랑 뉴질랜드 사진도 다 들어 있는데………."

유과장이 발을 동동 굴렀다.

"PC에 안 옮겨놨어요?"

이대리가 부서진 메모리카드를 만지작거리며 물었다.

"나중에 정리하자 해놓고 미뤄뒀지. 이를 어쩐담……."

스토리지의 활용이 간편해지면서 그것이 일상에 즐거움을 더해준 것은 사실이다. 그러나 디지털화된 모든 문서와 사진, 기타 자료들을 제품불량 또는 사용자의 부주의로 한순간에 모두 날려버릴 수도 있다. 즉 디지털의 한계는 소멸 과정이 간단하고 소멸 후에는 흔적이 남지 않으며 복구가 불가능하다는 데 있다.

갠지스 강에서 돌아온 그들은 울상 짓고 있는 유과장을 다독이며 디지털 저장매체의 문제점과 앞으로의 사업 방향에 대해 열띤 토론을 벌였다. 유과장 개인에게는 안 된 일이었으나, 메모리카드를 팔기 위해 먼저 디카를 알아야 한다는 목적으로 만들어진 사진 클럽엔 소소한 성과였다.

2004년 봄.

이장우 대표는 휴가 후유증에 시달리고 있는 직원들을 위해 메일을 썼다. 마음을 다잡아야 할 필요가 있었다. 무조건 정신없이 내달려야 하는 시기가 아니었다. 이룬 것을 누리고 현재를 유지하면서 미래를 준비해야 할 시점이었다.

● ● ● ●

독서 이메일 _ 대체 무엇 때문에 바쁜가요?

빌 게이츠가 말했습니다.

"매일 하는 일을 즐길 수 있다는 게 가장 중요하다."

또 워린 버핏은 이런 말을 했지요.

"좋아하는 일을 하면 성공은 자연히 따라오게 되어 있다."

빌 게이츠와 워렌 버핏은 세계 1, 2위를 다투는 갑부들이지요. 기술과 투자 부문에서 '세계를 움직이는 두 거장' 으로 불리는 그들도 처음 출발은 '좋아하는 일에 몰두하고 그 일을 즐기는 열정' 이었다고 털어놓습니다.

빌 게이츠는 열두 살에 컴퓨터에 빠져 프로그래밍을 독학으로 터득하고 하버드 대학 중퇴 후, 열아홉 살에 마이크로소프트를 설립한 컴퓨터광입니다. '모든 책상에 컴퓨터를'이라는 슬로건을 내걸고 디지털 제국의 황제에 오르기까지 보여준 그의 열정은 '모든 성공의 베이직'이 되었지요.

11세에 주식투자를 시작한 워렌 버핏도 '동물적인 감각과 몰입의 힘'으로 열정을 불사른 투자의 귀재입니다. 신문과 콜라를 판매하는 아르바이트로 1만 달러를 모아 19세에 투자의 세계로 뛰어든 그는 40년 전 벅셔 해서웨이를 인수한 뒤 4000배나 키워 주가를 1만 배로 높였습니다. 그는 투자가 가장 재미있고 행복한 일이라고 말했습니다.

《빌 게이츠 & 워렌 버핏 성공을 말하다Buffett & Gates on Success》는 이들이 워싱턴 대학교 비즈니스스쿨 강당에서 미래의 CEO들을 앞에 두고 나눈 속 깊은 대화를 옮긴 책입니다. 이 자리에서 오고간 두 사람의 솔직한 대화는 우리 시대 최고의 성공과 진정한 부富의 의미를 되새겨보게 하지요. 열정을 이야기하다 보니 또 한 권의 책이 떠오릅니다.

컨설턴트이자 베스트셀러 저자인 어니 J. 젤린스키의 《적게 일하고 많이 놀아라The Joy of Not Working》는 책입니다. 다음과 같은 내용이 책의 핵심

빌 게이츠 & 워렌 버핏 성공을 말하다 Buffett & Gates on Success
빌 게이츠, 워렌 버핏 지음 | 김광수 옮김 | 월북

컴퓨터 황제 빌 게이츠와 투자의 살아 있는 전설 워렌 버핏, 비즈니스계의 두 거장이 주고받은 인생과 행복, 비즈니스와 성공에 관한 이야기다. 변화의 시대를 앞서가는 리더에게 열정적인 메시지를 전하고 있으며, 두 사람의 삶에 대한 깊이를 엿볼 수 있다.

입니다.

 '삶에 대한 열정을 가진 사람, 매일 아침 눈을 떠서 부푼 마음으로 하루를 시작할 수 있는 사람, 하고 싶은 일을 하는 사람은 인생에 성공한 사람이다. 앞으로 남은 인생 동안 무엇을 하며 살고 싶은지 그 생각이 뚜렷한 사람도 성공한 사람이다.'

누구나 목적을 가지고 일을 합니다. 그러나 만기 적금통장처럼 채워야할 양이 정해져 있는 목표는 존재하지 않습니다. 사람들이 쉬지 않고 일하고, 결국에는 일하기 위해 일하게 되는 것도 그 때문이지요. 그러다 자신이 진정 하고 싶었던 일은 지나간 달력 같은 존재가 되기도 합니다. 저자는 행복한 삶을 위해서는 일과 여가에 대한 시각 교정부터 이루어져야 한다고 주장합니다. 미래를 위해 현재를 저당 잡힌 채 살아가는, 즉 '닫힌 생각'을 여는 것에서부터 행복의 첫걸음이 시작된다고 충고합니다. 노동량을 줄이고도 생산적으로 일하며 즐겁게 사는 사람들과 그렇지 못한 사람들의 차이를 구체적으로 보여주죠. "일을 하되 자신이 좋아하고

멘토북 돋보기

적게 일하고 많이 놀아라 The Joy of Not Working
어니 J. 젤린스키 지음 | 황숙경 옮김 | 물푸레

인생의 진정한 행복은 여가생활에서 시작되며 인생에서 가장 소중한 순간은 일하지 않는 즐거움에서 온다는 것을 깨닫게 만든다. 잠언과 만화, 도표 등을 통해 일과 여가에 대한 새로운 정의를 내리고, 삶의 다양성과 즐거움을 발견하게 만들며, 진정한 여가생활을 하기 위해 어떻게 일할 것인지 알려준다.

원하는 일을 하라"고 권하기도 합니다.

일할 수 있는 것만으로도 다행이라 할 만큼 실업률이 높은 요즘이기에 이 책이 주는 메시지가 비현실적인 것으로 보일 수도 있습니다. 그러나 호황기나 불황기나 '일'이라는 것은 결국 행복한 삶을 위한 도구가 아니었나요?

여러분에게 묻겠습니다.

"바쁘다는 것만으로는 충분하지 않다. 대체 무엇 때문에 바쁜가?"

●　　●　　●

이대표의 메일을 읽은 직원들은 그 책들을 직접 사서 읽기도 하고, 빌려 읽기도 하면서 자신이 왜 일을 하고 있는지, 무엇 때문에 그렇게 정신없이 바빠야 하는지 곰곰이 생각하게 되었다.

그해 매출액은 역대 최대 규모인 261억 원(순익 16억 원)이었다. '능동적으로 책을 읽고 스스로 성장한 이들이 결국 회사를 성장시킨다'는 이장우 대표의 독서경영이 빛을 발하는 순간이었다.

디카 클럽 회원들이 함께 사진을 보며 의견을 나누고 있다. 디카 클럽은 메모리카드를 연구하기 위해 자발적으로 생겨난 모임이다. 즉 디카를 찾는 고객들의 사용 패턴과 요구사항을 알아야 한다는 취지에서 만들어졌는데, 이들은 어느새 디카 마니아가되었다.

독서경영 10계명

9

시간을 경영하라

아침에 읽는 책은 잠자는 뇌를 깨워주는 청량제다. 머리를 맑게 만들고 이성과 감성의 촉수를 일으켜 세워준다. 게다가 상상력과 추리력, 어휘력까지 키워준다. 출근하자마자 끙끙거리며 기획안을 쓰기보다는 책 읽기로 뇌를 워밍업시켜라. 이왕이면 관심이 있고 재미있는 책을 골라 펼쳐라. 첫사랑처럼 설레는 책과의 멋진 데이트를 맘껏 누려라.

좋은 것이라고 억지로 떠먹일 순 없어

책은 나의 라이프스타일 디자이너

"이신우?"

"정민아? 예전 모습 그대로네. 하하"

10년 간에 만난 두 사람은 반가운 표정을 감추지 못했다. 뮤지컬을 함께 보기로 한 이후로도 3년이나 지나서야 만남이 이루어진 것이다.

"벌써 3년이나 된 거야?"

정민아는 이마를 짚으며 말했다.

"세월 정말 빠르다."

책을 덮은 이신우는 벤치에서 일어나 그녀 앞에 섰다.

"너희 회사에서도 책 읽히고 독후감 쓰게 하고 그래?"

정민아가 책에 관심을 보이며 물었다.

"억지로 읽으라고 강요하지는 않아. 독서 문화랄까? 회사 내에 그런 분위기가 형성되어 있지. 책이란 게 말야 자기계발이라 생각하고 시간 날 때마다 편하게 읽으면 부담도 없고. 얻는 것도 많더라고."

"그렇기는 해. 그런데 우리는 말도 마, 독후감 쓴답시고 밤늦게 퇴근한 적이 한두 번이 아냐. 독후감을 인사고과에 반영한다고 하질 않나. 이건 뭐, 아이한테 좋은 음식이라고 억지로 떠먹이는 꼴이나 다름없으니. 탈이나 안 나면……."

"우리는 보통 책을 아침에 읽어."

이메이션코리아에서는 출근시간 20분 전인 7시 40분이면 거의 모든 직원이 책상 앞에 앉아 커피를 마시며 책을 읽거나 실무에 필요한 서적을 탐독한다.

"독서경영이다 뭐다 많이들 얘기하잖아. 그 말은 '독서'로 회사를 경영한다는 의미가 아니라고 봐. 결국 독서 문화를 '어떻게' 사내에 자연스럽게 정착시키느냐가 관건이지. 참여하는 사람들이 적극적으로 관심을 갖고 생활화해야 독서도 효과가 있지 않겠어? 누가 시키지 않아도 자기 스스로 재미를 붙여서 해야 능률이 오르는 거잖아. 물론 말은 쉽지 버릇 드는 건 어렵고."

두 사람은 근처에 있는 어뮤즈건트 파크로 향했다. 그곳은 첨단 오락시설과 영화관, 쇼핑몰과 북 카페와 같은 휴식 공간이 갖추어진 테마 파크였다.

"효과가 있는 것 같아? 이번에 내가 부서에서 독서 담당을 맡게 됐는데……. 골치 아프네."

"글쎄. 매출액 상승이라는 결과가 효과를 증명해 주는 게 아닐까? 순전히 독서 때문에 매출이 상승했다고 보긴 어렵지만 일을 하다 보면 문득 그 효과를 느낄 때가 있어. 어느 정도 성과에도 영향을 미치는 것 같아. 회사는 책만 구입해 주고 아무 조건도, 의무도 요구하지 않아. 일종의 투자라고 볼 수 있지. 직원들의 잠재역량을 키우고 창의성을 발휘하는 데 도움이 되게 하는. 그리고……."

이신우가 책을 들어보였다.

"이번 북 랠리 때 고른 책이야. '북 랠리'라고 들어봤지? 사실 바쁜 세상에 책을 부담 없이 접하는 것 자체가 쉽지 않잖아. 북 랠리 이벤트는 자연스럽게 책을 접하도록 돕지. 게임이나 경품행사도 좋을 것 같고. 한번 추진해 봐. 아침독서 10분 운동을 적극적으로 유도해 보는 것도 괜찮을 듯하고."

그들은 어뮤즈먼트 파크에 있는 북 카페로 들어가 본격적으로 책에 관한 대화를 나누기 시작했다.

"제3의 공간이라고 들어봤어?"

이신우가 물었다.

"그러니까, 우리가 들어와 있는 어뮤즈먼트 파크 같은 곳을 말하는 건데……. 《제3의 공간 Brand Land, Hot Sport & Cool Spaces》이라는 책이 있거든."

"자, 잠깐만."

정민아는 자신의 다이어리에 척 제목을 메모했다. 그녀는 다음 달 도서 테마를 '미래 트렌드'로 잡고 있었다. 이신우를 찾은 것은 독서 경영으로 유명한 회사에 다니고 있는 친구로부터 조언을 듣기 위해서 였다.

"퇴근시간. 사람들은 일터를 나오면서 생각하지. 집으로 갈까? 그러나 마음은 왠지 다른 곳을 향하고 있지. 스트레스를 풀거나, 허전한 마음을 달래거나, 뭔가 신나는 경험을 하고 싶거나, 연인이나 친구들과 마음 편히 대화를 나누거나 할 만한 장소. 이게 바로 '제3의 공간' 이야."

"그럼 집이 제1의 공간, 회사가 제2의 공간인가?"

"그렇지. 물론 제3의 공간은 사람마다 다를 거야. 카페나 노래방일 수도 있고 산이나 공원, 광장, 또는 도서관일 수도 있어. 싸이월드의 미니홈피나 블로그 같은 인터넷 공간이 될 수도 있지. 이 같은 제3의

멘토북 둘러보기

제3의 공간 Brand Lands, Hot Spots & Cool Spaces
크리스티안 미쿤다 지음 | 최기철,박성신 옮김 | 미래의창

현대인에게 제3의 공간은 긴장에서 벗어나고 편안함을 즐기며 때로는 멋진 체험을 경험하게 만드는 영혼의 쉼터다. 이 책은 세계적으로 유명한 제3의 공간을 보여주면서 제3의 공간을 만드는 '무드 매니지먼트' 전략을 구체적으로 제시한다.

공간 가운데 사람들이 자유롭게 드나드는 공공장소를 집중적으로 분석한 책이 바로 《제3의 공간》이지. 저자 크리스티안 미쿤다는 드라마티스트이자 심리학자, 트렌드 연구가야. 그는 자신을 행위 과학자 performing scientist라고 부르지. 하지만 분위기 관리mood management 전문가라고 부르는 것이 더 어울릴 듯한 사람이야."

사람들은 어떤 공간에 가면 의식적으로 또는 무의식적으로 조명, 컬러, 디자인, 냄새 등에 영향을 받는다. 그 공간에 간 사람들이 탄성을 자아내도록 하는 것이 분위기 관리 전문가들의 목표다. 이들은 인지과학, 심리학, 건축, 디자인, 마케팅 등 수많은 사항을 고려해 분위기 있는 공간을 창조해 낸다.

"이제 사람들은 기능만을 위해 어떤 장소를 찾지 않아. 푸근한 느낌과 편안한 마음이 들기를 원하지. 최근 복원된 청계천에 수백만 인파가 몰린 것도 그동안 서울이라는 도시에 제3의 공간이 부족했기 때문이 아닐까?"

이신우는 오스트리아의 쇤부른 성이나 비엔나 시청 앞 광장에서 벌어지는 크리스마스 이벤트 등을 예로 들면서, 도심 속에 있는 제3의 공간이 어떻게 시민들의 공동체 의식을 높여주는지 이야기했다.

"제3의 공간을 주의 깊게 관찰하면 최소한 현재나 가까운 미래의 트렌드 정도는 짐작할 수 있지 않을까 싶어. 요즘 나도 미래의 트렌드에 관심이 있어서 이것저것 찾아보고 있었는데 잘 됐네."

"오케이, 좋아……. 참. 그 책은 뭐야?"

정민아가 다이어리에 무언가를 메모하다 이신우가 들고 있는 책을 가리켰다.

"아, 이거?《2010 대한민국 트렌드》란 책이야. 서점에 가보니까 나와 있는 미래 예측서만 해도 줄잡아 20종에 이르더라고. 그런데 어쩐지 이 책이 눈에 띄었어."

이신우에게 책을 건네받은 정민아는 호기심어린 눈빛으로 책장을 넘겨보았다.

'일어나라고 나지막이 읊조리는 디지털 알람 소리에 눈을 뜬다. 침대에 있는 자가진단 시스템이 심박수와 혈압, 체온 모두 정상이라고 알려준다. 욕실에 들어서니 세면대의 디스플레이가 몇 시간 뒤의 기상과 교통정보를 보여준다. 변기에 앉자 거울 화면은 주요 조간신문 기사로 바뀐다. 용변을 끝냈을 때는 체중과 체지방 당뇨치가 홈 서버

2010 대한민국 트렌드
LG경제연구원 지음 | 한국경제신문사

LG경제연구원의 연구원 90여 명이 엄선한 71가지 트렌드를 통해 가장 근접한 미래의 모습을 예견하고 있다. 10년 후 한국은 어떤 변화를 맞게 될지, 그리고 한국인의 인생은 어떤 양상을 띠게 될지 궁금한 이들에게 한국의 미래를 보여주는 천리안 역할을 해준다.

와 건강센터로 전송된다. 아침을 먹는 동안에는 유럽으로 여행을 떠난 아내와 아들이 에펠탑에서 찍은 동영상이 뜨고, 곧이어 가상 비서가 그날의 스케줄과 복장을 챙겨준다. 출근길에는 차량 내부의 내비게이션 시스템이 도로교통 중앙제어장치를 통해 주행정보와 소요시간 등을 자세히 알려준다. 점심 식사 후에는 스마트폰을 이용해 거래업자와 급한 협의를 마친 다음, 전자주민증으로 쇼핑과 잡무를 해결한다. 퇴근하자 홈 서버가 욕조에 뜨거운 물을 받아놓고, 아내가 좋아하는 뉴에이지풍의 피아노 선율을 깔아놓는다. 눈이 스르르 감겨오는 사이 자가진단 시스템에서는 주치의의 음성 메시지가 흘러나온다. '당뇨치가 높아지고 있습니다. 음식에 신경 쓰세요.'

정민아는 다리를 꼬고 앉아 계속해서 책장을 넘겼다.

컴퓨터 조작능력을 갖추지 않고도 모든 것을 누리는 '유비티즌', 최고를 찾아 떠나는 소비자들의 심리인 '서비스 투어리즘', 집에서 안전하게 쇼핑하는 '디지털 코쿠닝', 이동 중에도 물건을 단말기로 주문하고 배달받는 '트랜슈머', 신용카드를 대체한 '전자화폐', 단말기가 기지국이 되는 '바이러스 이동통신', 젊게 늙고 싶은 '샹그릴라 신드롬', 다양한 재료로 신선한 맛을 내게 하는 '퓨전 경영'과 보이는 것만으로도 자발적으로 지갑을 열게 만드는 '크리스탈리즘', 불황일수록 빛나는 '감성 경영', '환경 경영', 그리고 '위험기피형 사회', '신소비 대국으로 가는 중국' 등의 글로벌 트렌드.

이신우가 말을 이었다.

"《NEXT TREND》라는 후속작이 있는데. 이 책은 '라이프스타일', '비즈니스와 산업', '과학기술', '소비', '예술과 오락' 등으로 다양하게 분류된 100가지 미래 트렌드를 보여주지. 그리고 또……. 잠깐만 수첩 좀 보고. 그래. 《미래 마케팅》, 《What's Next? 2015》, 《가상역사 21세기》, 《이미 시작된 20년 후》 등도 인기를 끌고 있어."

정민아는 그가 불러주는 책들의 제목을 부지런히 적어 내려가며 말했다.

"장기불황 덕에 다들 미래에 대해 관심이 많아졌잖아. 그래서 테마를 미래의 트렌드로 잡은 거야. 미래의 트렌드를 미리 파악해야만 재테크나 비즈니스 기회, 유망 산업 분야를 앞서 발견하고 대비할 것 아냐."

이신우가 고개를 끄덕였다.

"우리가 플래시메모리 제품군에 대한 영업을 강화하고 디스크가 장악하고 있는 시장을 적극적으로 공략하기 시작한 것도 그래서야. 휴대가 간편하면서도 세련된 디자인으로 시선을 끄는 대용량 저장장치. 이게 바로 이쪽 분야의 최신 트렌드 아니겠어?"

이메이션코리아는 막 국내에 유통되기 시작한 SD, CF 카드 등 메모리카드와 USB드라이브 등을 역점 사업으로 선정하여 마케팅 강화에 나서고 있었다. 이를 통해 전문 저장장치 생산업체라는 인식을 소비자에게 심어 브랜드 인지도를 높이고자 했다.

"작년 말에 우리 사장님을 아시아·태평양 지역 플래시 사업군 글로벌 리더에 임명한 것도 그 때문이라더군. 대형 전자제품 양판점이나 할인마트에서도 메모리카드나 USB드라이브를 쉽게 찾아볼 수 있게 됐잖아. 저장용량이 1기가바이트 이상인 대용량 제품들도 슬슬 나오고 있어. 발빠르게 대응해야 한다는 얘기지."

"참, 그러고 보니까……."

이신우의 말을 경청하던 정민아가 주머니에서 무언가를 꺼냈다. 열쇠 꾸러미였다.

"이거 너희 회사 제품 아냐?"

그녀의 열쇠고리에 와인 빛이 감도는 새끼 손가락만한 USB드라이브 하나가 매달려 있었다.

"맞네. 한국에서 디자인해 출시한 첫 제품이지. 전에는 미국과 일본에서 만든 모델을 받아 공급했거든. 이 USB드라이브 하나에 이메이션의 노력과 꿈, 그리고 미래가 달려 있어. 책을 읽다 보니 내가 너무 늦게 깨달았다는 걸 알았지. 《제3의 공간》이나 《2010 대한민국 트렌드》 등의 책에서 이미 디자인과 트렌드의 중요성을 강조하고 있었는데도 말이야. 벌써 다른 이들은 트렌드를 찾고 적용하기 위해 애썼던 셈이지. 따지고 보면 그런 사실을 안 것도 책 덕분이지만."

정민아가 고개를 들고 이신우를 바라봤다. 그러자 이신우는 눈을 빛내며 이야기를 계속 이어나갔다.

"더 새롭고 더 인상깊은 제품 아이디어를 생각하고 있어. 이들 책이 도움이 될 거라 믿어. 책이 나의 라이프스타일 디자이너인 셈이지."

대강의 이야기를 마친 그들은 북 카페에서 나와 에스컬레이터를 타고 전철역으로 내려갔다.

"이신우. 너 정말 다시 봐야겠다. 생각 외로 멋있네."

정민아가 대견하다는 듯이 그를 쳐다보았다.

"아직도 애 취급이냐? 학교 다닐 때도 그러더니. 내가 지금 나이가 몇인데."

"그나저나 듣고 보니 괜찮은데……. '책'이 나의 라이프스타일 디자이너다!"

'라이프스타일 디자이너'는 의뢰인의 경력관리, 자기계발, 여행계획 등과 같은 삶의 방식을 컨설팅해 주는 직업을 가진 사람을 뜻한다.

이신우가 말했다.

"예를 들어, 여행길에 맛있는 커피를 발견하면 커피에 관한 책을 읽는 거야. 그러다가 새로운 내용이 나오면 그와 관련된 책을 찾아 읽고, 책 뒤에 참고도서 목록이 나오거나 다른 소개 자료가 있으면 또 그걸 하나씩, 하나씩 찾아 읽고. 하이퍼텍스트 독서법이라고 들어봤지? 우리 사장님은 한 분야를 정해놓고 먼저 10권 정도를 읽은 다음, 더 필요하다고 판단될 때 50권, 100권 계속해서 읽어나가거나, 계절별로 주제를 바꿔가면서 마케팅, 역사, 건축, 여행, 미술, 디자인 등으로 관심 분야를 넓혀가면서 읽는다고 하셔. 이렇게 책을 읽다 보면 이전에 읽은 내용과 겹치는 부분이 많아져 금세 책 한 권을 통독할 수 있거든. 라이프스타일 디자인이라는 게 별거냐. 그렇게 자기 안에 무언가를 쌓아가다 보면 자연스럽게 안목이 생기는 법이지."

"그분한테 배운 게 많나봐?"

"사장님? 그럴지도. 언젠가 내가 무슨 책을 읽어야 할지 모르겠다고 물었지. 그러자 '일단 전공 업무에 정통한 뒤, 영역을 조금씩 넓혀가는 게 정석이다. 마케팅을 하는 사람이라면 관련 서적을 30권 정도는 읽은 뒤 가지타기에 나서야 한다. 100권을 읽으면 질문할 수 있고, 1000권을 읽으면 세상을 알게 된다'고 들려주시더군. 그러다 하이퍼텍스트 독서법에 관한 이야기가 나온 거야."

두 사람은 지하철을 기다리면서 각자 자신의 미래에 대해 얘기를 나누었다. 앞으로의 계획은 어떠한데 지금은 어떤 준비를 하고 있으며, 또 예상되는 난관은 무엇인지 등등. 인생 역시 회사 경영과 다를 바 없다. 삶의 방향을 정하고, 그 방향으로 가기 위해 선택과 포기를 명확히 해야 하며, 그쪽으로 자원을 집중해야 하기 때문이다.

이신우는 반대 방향 지하철에 올라타는 정민아를 지켜보다 그녀가 돌아서자 그제야 생각났다는 듯 손을 흔들어주었다. 그녀는 전에 없던 환한 미소로 화답했다.

이부장, 브랜드를 고민하다

직원들이 모두 퇴근한 사무실에 홀로 남은 이근수 부장은 책상 위에

세 권의 책을 올려놓은 채 상념에 빠져 있었다. 그는 올해 부장으로 승진했고 지금까지 이메이션에서 다져온 입지도 탄탄했다. 하지만 새로운 아이템으로 사업을 시작하겠다는 생각은 점점 커져만 갔다. 그는 감았던 눈을 뜨고 책 한 권을 펼쳤다. 이메이션의 미래, 그리고 자신의 미래를 위해 공부할 만한 책을 찾고 있었다.

《미래 마케팅》에는 소규모로 시작한 사업을 큰 비즈니스와 기업, 그리고 브랜드로 성장시켜나가는 위대한 기업들의 과정이 담겨 있다. 이들 기업의 한 가지 공통점은 시작은 미미했으나 여러 가지 역경에도 불구하고 마침내 강력한 브랜드로 키워냈다는 사실이다.

'내가 과연 저들처럼 해낼 수 있을까?'

월트 디즈니는 16세 때 정식으로 미술을 공부해야겠다고 마음먹고 무작정 시카고로 떠난다. 그리고 생계를 위해 광고회사에서 일을 하다 애니메이션 영화 광고제작을 도우면서 애니메이션 세계에 눈을 뜬다. 애니메이션 제작에 흥미를 느낀 그는 제작자의 꿈을 안고 다시 LA

멘토북 돋보기

미래 마케팅
김정구 지음 | 교보문고

세계 일류기업들이 성장과정에서 직면했던 경쟁단계와 각 단계별로 펼친 전략을 5막으로 구성된 드라마로 보여준다. 이 책은 위대한 비즈니스를 만들어낼 수 있는 방법을 제시하면서 동시에 세계적인 것을 만들어낼 수 있는 안목과 역량을 제공하고 있다.

로 떠난다. 그러나 마땅한 자리를 잡지 못해 이곳저곳을 떠돌다 결국 허름한 복덕방 뒤편에 자신의 스튜디오를 설립하기에 이른다. 1928년, 드디어 미키 마우스를 주인공으로 한 단편 애니메이션을 만들어내는데, 그 애니메이션이 성공하면서 강력한 비즈니스 엔진을 달게 되었다.

이후 그는 풍부한 상상력과 모험정신을 바탕으로 한 작품들을 속속 만들어냈는데, 애니메이션의 성공과 만족에 그치지 않고, LA 인근 애너하임에 자신이 만든 애니메이션의 세계를 구현한 디즈니랜드를 만드는 데까지 나아갔다.

나이키도 1962년 창업 당시에는 세계 최고의 운동화 회사인 아디다스에 비하면 구멍가게나 다름없었다.

'강력한 브랜드 창조.'

이부잦은 브랜드를 다룬 책 《브랜드의 미래-러브마크Lovemark》를 펼쳤다.

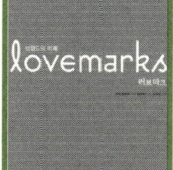

멘토북 돋보기

브랜드의 미래-러브마크lovemarks
케빈 로버츠 지음 | 양준희 옮김 | 이상민 감수 | 서돌

이 책은 성공한 브랜드의 숨은 비결을 '사랑(love)'에서 찾는다. 브랜드를 소재로 삼았으나 소비자를 새로운 시각으로 보는 방법과 기업이 나아가야 할 방향을 제시하는 경영철학서다. 경영자에게는 브랜드에 대한 통찰력을, 마케팅, 브랜드 실무자에게는 사례를 통해 '무릎을 칠 만한 아이디어'를 전한다.

'좋은 브랜드를 넘어 위대한 브랜드로! 최고의 기업만이 각광받는 것처럼 소비자들에게 열렬히 사랑받는 브랜드만 살아남는다.'

세계적인 광고 에이전시 사치&사치의 CEO 케빈 로버츠는, 하나의 상품은 제품에서 상표로, 상표에서 브랜드로, 그리고 브랜드에서 러브마크로 발전해야 한다고 말했다.

마케팅 담당자들은 사람들의 주의를 끌기 위해 혈안이 되어 있으면서도 왜 사람들의 주의를 끌려고 하는지는 종종 잊곤 한다. '더 크게', '더 빠르게', '더 새롭게'라는 캐치프레이즈를 내걸고는 있지만, 이는 아무에게나 끼워주는 사은품과 같아서 더 이상 승리의 카드가 될 수 없다.

케빈 로버츠는 '사랑이야말로 소비자에게로 통제권이 넘어가고 있는 세대의 유일한 대응책이며 비즈니스를 변화시킬 방법'이라고 말한다. 사회가 다원화되면서 사람들은 새로운 감성적 유대관계를 맺으려 하고 사랑할 대상을 찾기 시작한다. 이 같은 생각을 갖고 있는 소비자들과 '가슴'으로 연결된 브랜드, 뜨겁게 사랑받는 브랜드인 '러브마크'가 결국 비즈니스의 미래를 가른다는 얘기다.

'브랜드는 기업이 만들지만 러브마크는 소비자들이 만든다.'

이부장은 《브랜드제국 P&G》를 펼쳤다. 3세기를 이어온 브랜드 구축의 명가 P&G의 기업 경영과 브랜드전략 노하우를 분석한 책이었다.

1837년, 두 사람으로 출발한 비누·양초 제조회사가 전세계 80여

개국에 10만 명 이상의 직원을 거느린 400억 달러짜리 브랜드로 성장한 비결은 '옳은 일을 하고, 승리를 위한 열정을 기르며, 혁신과 변화를 주도하고, 고객의 진정한 파트너가 되자' 등의 10가지 원칙에서 나왔다. 세탁기의 과학 '타이드 신화'와, 대만이라는 작은 시장에서 나온 글로벌 뷰티 브랜드 '팬틴'의 영광도 이런 원칙 위에서 빛을 발했다.

그의 책상 위에 놓인 책들에는 브랜드 전략으로 미래를 창조해 나간 기업들의 얘기가 실려 있었다.

'나는 충분히 고민한 것일까?'

새로운 사업을 하려고 고민 중이지만 책에 소개된 브랜드 전략이나 분석을 충분히 했는지 의심스러웠다.

안절부절 못하던 이부장은 자리에서 일어나 펼쳐놓은 책들을 내려다보았다. 그리고 창업할 것인가 잔류할 것인가를 고민하다 이장우 대표에게 한 통의 메일을 쓰기로 했다.

'사장님의 권유로 회사를 옮겨온 지 엊그제 같은데 벌써 10년 가까운 세월이 흘렀습니다. 돌이켜보면 다른 직장과는 사뭇 다른 분위기에서 여러 가지 경험을 할 수 있었고, 그 경험이 저에게는 많은 도움이 되었습니다. 외환위기 당시 매출은 급감했고, 회사 상황도 날로 어려워지기 시작했습니다. 직원들 역시 자신의 미래에 대한 불안감을 감추지 못한 채 여러 달을 헤매고 있었습니다.

그때 사장님은 엉뚱하게도 북 랠리라는 행사를 제안했습니다. 처음에는 사장님의 의도를 이해하지 못했습니다. 다만 사회적으로나 회사 내부적으로나 안 좋은 시기에 잠시나마 여러 직원들과 즐거운 시간을 가질 수 있어서 좋다고만 생각했습니다. 그런데 이 행사가 정착되면서 주변에 읽을 책들이 많아지자 자연스럽게 독서 분위기가 형성되었고, 책에 흥미를 붙인 직원들이 늘자 덩달아 매출도 늘어나는 현상이 나타나기 시작했습니다. 저는 그제야 사장님의 의도를 깨달았습니다.

사장님의 독서에 대한 열정은 분명 회사 내부에도 많은 영향을 미쳤습니다. 영향을 받은 직원들은 책을 읽고 서로 정보도 교환하면서 확실히 한 걸음, 한 걸음 성장해 나간 듯합니다. 저도 마찬가지였습니다.

얼마 전 대구에 사는 어떤 비즈니스맨이 세미나만 수천 번을 갔다는 기사를 읽었습니다. 실력을 기르기 위해서라고 했습니다. 끊임없이 공부할 기회를 찾아다니는 그의 자세가 너무나 보기 좋았습니다.

언젠가 사장님께서는 이렇게 말씀하셨습니다.

'지식은 유한하지만 상상력은 무한하다. 40대에 무너지지 않으려면 이 점을 명심해야 한다. 미국 기업에서는 60대가 되어도 혼자서 출장 가는 일이 흔하다. 60대까지 비즈니스 가방을 끼고 출장 가고 싶다면 나이를 먹을수록 끊임없이 사고 훈련을 해야 한다. 생각하는 습관을 들여야 생각에 녹이 슬지 않는다. 이렇게 평생을 통해 변화와 혁신을 목표로 노력한 40대~50대라면 자기 분야의 진정한 전문가이면서 동시에 창의력과 상상력을 겸비한 멋진 비즈니스맨이 될 것이다. 인생 관리의 절반은 은퇴 후 삶에 달렸다. 오늘날처럼 고령화가 일반화된 사회에서 은퇴 후의 삶을 어떻게 보내느냐는 중요한 문제다. 엊그제까지만 해도 활발하게 회사활동을 하던 사람이, 아침 먹고 동네 한바퀴, 점심 먹고 동네 한바퀴, 저녁 먹고 텔레비전 보다 잠드는 일로 하루를 보낸다고 생각해 보라. 본인도 심심하고 지루할 것이다. 이를 지켜보는 가족들도 답답할 것이다. 하지만 월요일엔 책을 읽고, 화요일엔 무엇인가를 배우러 가고, 수요일엔 손자들과 함께 시간을 보내고, 목요일엔 친구들과 등산을 가며, 금요일엔 연극이나 영화를 보러 간다면? 물론 인생이 계획대로만 흘러가지는 않을 것이다. 그러나 일단 철저하게 계획을 세우고 나면 인생의 커다란 방향 정도는 지켜나갈 수 있다. 그것을 인생의 철학이라고 부르든, 인생의 목표라고 부르든 상관없다. 나 자신을 위한 마케팅 전략, 지금 당장 세워도 결코 늦지 않다.'

저는 이제부터가 시작이라고 생각합니다. 나름대로 1년간 준비를 해왔고, 어느 정도 비전도 갖고 있습니다. 하지만 나이를 먹고 상급자가 되면 자신의 지위 속에서 편안함을 느끼게 되는 것이 사실입니다. 40대라는 적지 않은 나이에 창업을 한다는 것은 10대나 20대 때의 모험과는 분명 다르다는 사실도 잘 알고 있습니다. 어느 쪽을 선택하든 후회하지 않겠다고 결심은 했으나 결정을 내리기가 쉽지 않습니다.

사장님의 고견을 듣고 싶습니다.'

소비자의 진짜 마음을 알고 싶다면

메일을 전송했다. 그때였다.

"이부장!"

이근수 부장은 화들짝 놀라 뒤를 돌아보았다. 이장우 대표였다.

"뭘 치는데 사람이 뒤에 있는데도 몰라? 그나저나 워드 실력 많이 늘었네."

"사장님께 보내는 메일입니다."

이대표는 이부장 책상 위에 펼쳐져 있는 책들을 하나하나 관심 있게 살펴보았다.

"《블링크Blink : The Power of Thinking Without Thinking》읽어봤나? 보이지 않는 세상을 보여주는, 판단의 위대한 힘."

이부장은 천천히 고개를 저었다.

"얼마 전 키 크고 날씬하면서 잘생긴 사람이 봉급을 5% 더 받는다는 기사를 봤지. 정말 그렇다면, 이유가 뭘까?"

이대표가 이부장의 책상에 걸터앉았다.

"책에서는 그 이유를 이렇게 말하고 있네. 우리의 무의식은 새로운 사람을 만나면 순간적으로 판단을 내리는데, 이때 외모가 많은 영향을 미치게 된다는 거야."

《블링크》는 첫눈에 사람을 알아보는 그 순간, 또는 긴박한 상황에서 일순간에 통찰력으로 판단을 내리는 현상에 관한 책이다.

"순간적으로 내리는 판단은 무의식 속에 축적된 전문 지식과 경험을 종합해 내놓은 결과라고 하지. 그래서 경험과 지식을 쌓으며 순간 판단력을 훈련시키면 의사결정의 질을 높이는 데 큰 도움이 된다고 해. 물론 무의식은 외부의 영향을 쉽게 받기 때문에 순간 판단을 할 때에는 편견에 빠지지 않도록 주의해야 하네. '대통령처럼 생긴' 남자였던 '워렌 하딩'은 손쉽게 미국 제 29대 대통령에 당선되었지만 2년 뒤 돌연사한 미국 최악의 대통령으로도 불리지. 외모에 대한 편견이 지혜의 눈을 가려버린 결과라고나 할까."

이부장이 고개를 끄덕이다 물었다.

"혹시 제가 쓰고 있던 메일 보셨습니까?"

이대표는 미소로 대답을 대신했다.

멘토북 돋보기

블링크 Blink: The Power of Thinking Without Thinking
말콤 글래드웰 지음 | 이무열 옮김 | 황상민 감수 | 공병호 해제 | 21세기북스

비즈니스 세계뿐 아니라 일상생활에서 우리가 얼마나 직관과 통찰력에 의지하고 있는지를 밝히고 있다. 순간의 선택이 오랜 시간 생각하고 내린 선택보다 더 나을 수 있음을 수많은 사례를 통해 보여준다. 무의식의 체계를 조직화해 의사결정 능력을 높일 수 있는 방법도 제시한다.

"시장 상황은 시시각각 변하고, 경쟁도 날이 갈수록 치열해지고 있네. 과학적이고 체계적인 조사와 마케팅 기법이 쏟아져나오고 있지만 여전히 해결할 수 없는 마케팅 난제가 기업의 성장을 가로막고 있지. 그렇다면 이 난국을 해결할 방법은 무엇일까? 첨단을 달리는 마케팅 기법과 두꺼운 분석자료?"

이부장은 이대표가 메일을 봤을까, 못 봤을까 고민하다가 그가 왜 이런 이야기를 하는지 생각해 보았다.

"소비자가 브랜드나 디자인에서 느끼는 첫 느낌과 순간의 판단이 어떤 선택의 결과를 낳는지 알고 싶다면 그 책을 꼭 한번 읽어보라고. 무의식이 어떻게 작동하는지를 알면 소비자의 내면을 읽고 마음을 사로잡는 방법도 알 수 있다네. 소비자에 '나'를 대입시켜보는 것도 좋은 방법이고. '순간의 선택이 평생을 좌우한다'는 말, 알지? 자네는 이미 전문가야. 그 동안 자네가 쌓아온 경험과 지식, 그리고 지혜를 믿으라고."

이부장의 어깨를 다독인 이대표는 뒤돌아선 채로 손을 흔들며 사무실에서 나갔다. 이부장은 닫힌 문을 바라보면서 생각했다.

'충분히 고민했는가? 거기에 난 그렇다고 대답할 수 없다. 더 의심하고 고민하자. 그러고 나서 주저 없이 나 자신이 할 바를 결정하자.' 이부장은 일단 장기 휴가를 내기로 마음먹었다. 최종 결정은 휴가 후에 내려도 늦지 않을 것 같다는 생각이 들었다.

아이디어 회의를 하고 있는 이메이션코리아 직원들의 모습. 회사측에서는 회식비보다
책값을 더 많이 지원한다. 책을 지원하면 어떤 형태로든 회사에 이익이 되어 돌아오게
마련이라는 생각을 하기 때문이다.

10
쾌감지수를 높여라

책 읽는 즐거움은 '영혼의 오르가슴'과 같다. 느낄수록 신비롭고 황홀하다. 새로운 것을 아는 기쁨, 세상 이치를 확인하고 무릎을 치며 깨닫는 환희, 고전의 그루터기에서 새 순의 향기를 재발견하는 쾌감, 그래서 좋은 책은 달콤한 아이스크림 같기도 하고 잘 숙성된 와인 같기도 하다. 신선한 미감과 오래 숙성된 질감을 동시에 즐길 수 있는 책의 묘미, 그 쾌감지수를 극대화하는 주역은 바로 당신 자신이다.

독서가 즐거운 회사

미래의 화두, 디자인을 읽다

2006년 2월 24일, 이장우 대표는 '공연예술 작품에 대한 감성과 경험이 공연 브랜드 일체감과 애호도 및 카테고리 애호도에 미치는 영향 연구'라는 긴 제목의 논문으로 공연예술학 박사학위를 받았다. 두 번째 박사학위였다. 그러고는 홍익대학교 국제디자인대학원IDAS 박사과정에 등록했다. 단순한 디자인이 아니라 '디자인학'을 연구하고 싶었기 때문에 내린 결정이었다. 그는 목·금요일 저녁마다 대학로에 있는 강의실로 달려가 30대 아티스트들로 구성된 대학원생들과 함께 수업을 들었다.

이대표는 직원들을 모아놓고 다음과 같은 말을 들려주었다.

"나는 공연, 건축, 시각미술 등 예술을 폭넓게 이해하고 싶어서 공연예술학 박사학위에 도전했다. 그러나 내심으로는 디자인 공부를 먼저 하고 싶었다. 실제로 지난해 이메이션코리아의 전략적 슬로건이 '브랜드·디자인·마케팅' 이었는데, 그 효과가 벌써 나타나고 있다. 디자인은 과학과 공학의 결합이다. 예전부터 흥미를 갖고 있던 분야들인데, 앞으로는 디자인이 기업의 성패를 좌우한다고 해도 과언이 아니다."

그는 디자이너를 '도구' 로 여기면 안 된다고 했다. 제품의 효용성뿐 아니라 디자인의 순수성과 예술성이 창조적으로 빛을 발해야 디자인의 생명력도 커지기 때문이다. 사회와 국가 차원으로 시야를 넓혀봐도 그랬다.

"우리나라에서는 매년 3만 6000명이나 되는 디자인 인력을 배출하고 있다. 숫자로만 보면 미국에 이어 2위. 그런데 디자인 경쟁력은 25위에 머물러 있다. 그 이유는 무엇일까? 답은 간단하다. 너무 기능에만 치우쳐서 그런 것이다. 손끝도 좋지만 머리끝을 돌릴 수 있는 사람이 많아야 한다. 공학 분야도 기초과학이 잘 되어 있어야 하는 것처럼 디자인 분야 또한 마찬가지다. 문文·사史·철哲 등의 인문학이 살아야 건강한 사회의 인프라가 구축되는 것과 같은 이치다."

미래의 트렌드와 새로운 마케팅 전략에 관심이 많은 이신우는 그 어느 때브다 더 이대표의 이야기에 집중했다. 디자인이 화두가 될 수 밖에 없는 시기였다. 한국의 USB 플래시메모리 드라이브 시장은 아시아권 그 어떤 나라보다 매출이 컸지만, 외국 디자인은 한국에서 통하지 않았다. 게다가 한국 시장은 가격에 예민하기 때문에 자체적으로 제품 디자인을 개발해야 타산이 맞을 것이라는 결론이 나왔다. 다행히 한국 사람들도 값싼 물건만을 찾는 분위기에서 이제 많이 벗어났다. 디자인적인 요소를 많이 따지게 되었다는 얘기다. 가격이 다소 비싸더라도 디자인이 좋다면 구매하는 쪽으로 흘러가고 있다. 이메이션이 마우스 개발에 들어간 이유도 이 같은 소비자의 니즈를 파악했기 때문이다.

"한국은 세계적으로도 그 유례가 없을 만큼 최단 시간에 근대화와 산업화를 이루어냈다. 이처럼 경이적인 성공의 배경에는 한국 사회와 한국인만이 갖고 있는 목표의식, 즉 열정과 치열한 경쟁의식, 동질성과 단일성을 추구하는 독특한 사회적 · 문화적 맥락이 바탕되었을 것이다. 실례로 한국은 축구나 쇼트트랙 같은 운동경기뿐 아니라 영화, 노래, 드라마 등의 분야에서도 미래 목표와 전략적 방향이 설정되고 사회적 분위기만 무르익으면 단숨에 괄목할 만한 성과를 거두고 있지 않은가?"

이대표는 최근 디자인 분야가 기업과 교육기관을 비롯한 한국 사회 전체의 지대한 관심 속에 가장 주목받는 분야가 되어가고 있다며, 한국 기업들이 이를 경영과 마케팅, 신제품 개발에 활용하기 위해서는 디자인의 순수성, 고유성, 예술성 및 개방성을 살려야 한다고 주장했다. 디자인의 오용과 남용은 지식경영 등의 사례처럼 외양만 가져다 사용하는 식의 형식적 구호에 그칠 공산이 컸다.

또한 그는 기업이 지나치게 디자인을 '착복' 함으로써 디자인의 본류를 훼손해서는 안 된다고 강조했다. 그리고 지속적인 투자 및 교육기관과의 긴밀한 교류를 확대하고 교육기관도 짧은 시간에 기능적인 디자이너를 육성하기보다는 디자인의 깊이와 내면 세계를 이해하는 세계적 수준의 혁신적인 디자이너를 육성, 배출하는 방향으로 나아가야 한다고 생각했다.

회의를 마치고 자리로 돌아온 이신우 대리는 도서자료를 담은 USB 드라이브를 컴퓨터에 연결했다. 플래시메모리를 기반으로 하는 USB 저장장치의 국내 시장 규모는 100억 원 정도로 성장했다. 2년 전 50억 원 수준이던 것을 감안하면 100% 성장한 것이다. 판매 개수도 급증해 2005년을 기점으로 월 판매 개수가 30만 개를 넘어섰다. 경쟁 기록매체인 DVD미디어가 월 10만~15만 개 수준인 것에 비하면 괄목할 만한 성장이었다. 이와 같은 성장은 USB 저장장치 시장이 산업화 단계에 접어들었다는 것을 의미했다. 즉 기업, 학교 등의 집단 구매에 의해 형성되던 시장이 개인으로 옮겨간 것이다. 다른 기록매체도 매출의 정점을 찍을 때 이와 똑같은 과정을 겪었다. 스토리지용으로 개발됐던 HDD가 그랬고 광미디어도 문구점에 유통되기 전까지는 똑같은 절차를 거쳤다.

이장우 대표의 말이 떠올랐다.

'4기가바이트급 이상의 제품이 출시되는 중순 이후에는 마이크로 HDD와의 경쟁이 본격적으로 시작될 것이다.'

잠시 후 이대리는 《로고와 이쑤시개 Toothpicks & Logos-Design in Everyday Life》 자료 요약 파일을 클릭했다.

"디자인 경영과 디자인 마케팅이 최고의 경영 트렌드로 떠오르는 개념이긴 하지만 기업에 소속되거나 독립적으로 활동하는 전문 디자

멘토북 돋보기

로고와 이쑤시개 Toothpicks & Logos-Design in Everyday Life
존 헤스켓 지음 | 김현희 옮김 | 세미콜론

디자인의 관점에서 우리 삶을 엿보는 책이다. 일상에서 디자인이 얼마나 중요한 역할을 하는지 보여주어 디자인에 대한 우리의 생각을 변화시킨다. 현대 디자인을 압축해서 소개하는 이 책은 기업이 디자인에 접근하는 방식을 해박한 지식으로 풀어내고 있다.

이너를 제외하고 일반 경영자나 마케팅 담당자들 중에서 디자인의 참된 의미와 가치, 관점을 얼마나 제대로 이해하고 있는지는 의문이 든다.”

디자인 경영이나 디자인 마케팅을 제대로 이해하고 실행하기 위해서는 디자인에 관한 개념과 철학, 그리고 그 언어를 이해할 필요가 있다는 얘기다.

이대리는 곧바로 《로고와 이쑤시개》를 인터넷서점에서 주문했다. 그리고 관련 서평을 읽어 내려갔다.

●   ●   ●

'사람들은 종종 디자이너나 생산자의 상상을 뛰어넘는 의미를 사물에서 찾아낸다. 지금까지는 디자인의 의미가 생산자의 입장에 맞게 강요되거나 맞추어져왔다. 그러나 더 이상 디자인 과정에서 나온 최종 결과물이 디자인 연구와 이해의 주된 관심사가 되어서는 곤란하다. 그것은 디자이너의 의도와 사용자의 요구 및 인식의 상호 작용에 의해 생긴 결과물이다. 디자인에서 의미와 의의가 생겨나는 곳은 바로 이 둘이 만나는 지점이다. 그러나 많은 디자이너들이 사용자보다는 자신의 생각에만 몰두하는 경향을 보이고 있다. 이 같은 경향은 1980년대 포스트모더니즘이 나타나면서 더욱 강화되었는데, 여기에 속한 이론들은 기능적인 면보다는 디자인의 의미론적인 가치를 더 중요하게 생각한다. 다시 말해 제품이

어디에 사용되는가보다는 어떤 가치를 갖는가가 제품의 개념과 용도를 정하는 중요한 기준이 되었다.'

●　●　●

이윤이 적게 남는 제품에 부가가치를 덧붙이기를 바라는 수많은 회사들은 이런 식의 디자인 접근법을 부지런히 따랐다. 결국 상업적인 목적을 위해 포스트모더니즘이 디자인에 도입된 것이다. 유용하고 값싸고 구하기 쉬운 제품들은 점점 사용하기 힘들고 비싸고 귀한 것으로 대체되어 갔다. 문득 이신우의 머릿속에 이대표의 말이 떠올랐다.

"가치를 강조하다 보면 사용자의 용도와는 무관한 형태가 끝도 없이 생산될 가능성이 있지. 제품은 제조사의 배를 불리기 위해 무작정 유행을 좇는 상황에 빠지게 될 것이고."

"이신우 대리."
최태호 과장이었다.
"예."
"카림 라시드라는 디자이너 알아?"
"카림 라시드?"
"유명한 산업디자이너라는데. 사장님과 호텔 라운지에서 만나기로 했다는군."

"호텔이면……."

"오후에 미팅이 있는 근처잖아."

"아하! 그럼 우리도 일찍 출발할까요? 한번 만나보고 싶군요."

"좋아, 바로 출발하자고."

이대리는 주차장에 세워놓은 최태호 과장의 낡은 승용차에 올라타며 한마디 툭 던졌다.

"야아. 근데 이 차 대체 얼마나 타신 거예요?"

"입사하면서 샀으니까, 한 10년쯤 됐나?"

"애착이 많으시겠어요."

"이 차는 뒷모습이 죽여."

"뒷모습?"

조수석에 앉은 이대리가 뒷좌석을 돌아보자, 최과장이 물었다.

"혹시 말야 《혼다 디자인 경영 ホンダのデザイン戰略經營》이란 책 읽어

멘토북 돋보기

혼다 디자인 경영 ホンダのデザイン戰略經營
이와쿠라 신야, 이와타니 마사키, 나가사와 신야 지음 | 박미옥 옮김 | 휴먼앤북스

혼다가 디자인 경영에 성공해 소비자들을 유혹한 방법들을 밝히고 있다. 혼다뿐 아니라 소니, 샤프 등 디자인 전략으로 성공한 대기업의 사례와 디자인으로 승부한 일본 중소기업을 소개한다. 혼다 디자인 경영의 역사를 통해 디자인 경영의 개념을 정립하고 기업 경영이 나아가야 할 방향을 제시한다.

봤나?"

"아! 그 책. 인터넷으로 주문하긴 했는데."

일본에서 디자인이 경영의 중요한 분야로 자리잡기 시작한 것은 1950년 미국 시찰을 마치고 귀국한 '마쓰시다' 의 마쓰시다 고노스케가 '이제부터는 디자인이다' 라고 선언한 순간부터였다고 한다. 우리보다 50년이나 앞선 셈이다. 이처럼 디자인에 비교적 일찍 눈을 뜬 일본 기업인들 중에서도 자동차 회사 '혼다' 의 창업주 혼다 소이치로 회장은 특별난 사람이었다. 아이디어를 내고 직접 점토 모델을 제작해서 검토한 후, 그것을 다시 목재 모형으로 만들고, 도면을 그리고 자동차를 완성하는 등 모든 과정에 참여해 직접 디자인팀을 진두지휘할 정도였으니 말이다.

"혼다의 베스트셀러카인 '어코드' 디자인도 '자동차는 뒷모습이 중요하다' 는 혼다 회장의 생각이 큰 역할을 했다지 아마."

최과장이 깜빡이를 켜고 강변도로 진입을 시도했다.

"혼다가 디자인 측면에서 다른 기업들을 제치고 선두자리에 올라설 수 있었던 비결이 뭐라고 생각해?"

"글쎄요……. 최고경영자 자신이 탁월한 기술자이면서 디자이너였기 때문인가요?"

"그렇지. 최고경영자가 디자인에 지대한 관심을 가짐으로써 혼다는 다른 일본 기업과 달리 창의성과 모험정신을 중시할 수 있었고, 무엇보다 자유로운 토론 분위기를 장려하는 기업 문화를 만들어낼 수 있었어."

혼다의 기업 문화는 '한 번의 실수는 괜찮으니, 시원스레 앞으로 나아가자'는 뜻인 '완카랏토', 시끄러울 정도로 자유롭게 의견을 주고받는 토론을 뜻하는 '와이가야', 마케팅·디자인·엔지니어링·세일즈의 각 담당자가 공동목표 아래 한자리에 모여 의견을 개진하고 문제를 풀어나가는 '럭비 어프로치'로 요약할 수 있다.

"소이치로 회장의 디자인 철학은 간단해. 무조건 멋있고 화려하게 디자인하는 것이 아니라 '우선 팔릴 것을 생각하라'지. 바로 사용하기에 편한 디자인이면서 동시에 만들기에도 편한 디자인이어야 한다는 거야. 사장님이 했던 말과 일맥상통하는 바가 있지."

실제로 소이치로 회장은 '예술가는 새로운 디자인을 만들어내지 못하는 법'이라면서 예술가는 오로지 자신을 위해 작품을 만들지만 디자이너는 '세상을 위해, 사람을 위해' 창조적이고 혁신적인 작품을 만들어내는 것이라고 피력했다.

"예전에는 디자인 부서를 기업 내에 두는 것 자체가 엄청난 경쟁력이고 차별화였다고 하는데, 이제는 회사 내 다른 부서와 유기적인 관계를 맺을 줄 아는, 창의적·혁신적인 디자이너를 많이 보유해야만 경쟁력 있는 기업이 될 수 있다지."

"그렇죠. 이제 디자이너는 제품뿐 아니라 고객의 삶과 라이프스타일까지 디자인하는 것이나 다름없으니까요."

이신우 대리는 최과장을 물끄러미 바라보았다. 그도 디자인이 미래에 중요한 화두임을 믿는 모양이었다. 책값으로 술 사먹던 때가 엊그제 같았는데, 이제 그는 이메이션에 없어서는 안 될 사람이 되어 있었다.

'최과장님 참 많이 변했구나. 나도 그렇겠지……'

평범함에서 특별함을 끌어내는 사람

강변도로는 차들로 꽉 막혀 있었다. 주차장을 방불케 할 정도였다.

"왜 이렇게 다들 한꺼번에 기어나온 거야."

최태호 과장이 몸을 뒤틀면서 말했다.

"슬슬 지루해지기 시작하는데……."

이때 이신우 대리가 가방 안에서 한 권의 책을 꺼내들었다.

"또 무슨 책이야?"

최과장이 물었다.

"제가 요즘 디자인과 관련된 책들을 섭렵하고 있는 중이라……."

"《스탁》? 혹시 필립 스탁?"

필립 스탁은 안경이나 가구 같은 소품은 물론 건물 인테리어까지 그가 창조해 낸 '스탁 스타일'을 전세계에 뚜렷이 각인시킨 현대 산업

디자인의 아이콘이다. 스탁의 침대에서 잠이 깨고, 스탁의 안경을 끼고, 스탁의 의자에 앉아 스탁의 레몬 착즙기로 만든 주스를 마시고, 스탁이 인테리어한 식당과 나이트클럽에서 밥을 먹고 하루를 끝낸다는 말이 있을 정도다.

"스탁은 디자인을 공부하는 학생들이나 디자이너들에게는 '록스타'와 같은 존재라네요. 그의 상상력과 영감은 상상을 초월한다죠."

독학으로 디자이너의 인생을 개척한 스탁은 20세 때 헬륨풍선을 이용하여 공중에 떠다니는 램프를 고안해 주목받기 시작했다. 1976년 파리의 라 맹 블루 나이트 클럽과 1978년 레 뱅 두슈 나이트 클럽의 실내를 장식해 주면서 명성을 얻었다. 이후 1982년 미테랑 대통령 재임시 엘리제궁 안에 있는 개인 아파트 인테리어 디자인을 맡으면서 다시금 그의 이름이 부각되었다. 1984년에는 '리처드 3세'라는 암체어를 디자인하여 가구디자인에도 발을 들여놓았다.

"그가 디자인한 레몬 착즙기는 기능 면에서 썩 훌륭하다고는 할 수 없지만 단순히 과즙을 짜는 기능을 넘어 부엌에 두고 눈으로 즐기는 작품으로도 손색이 없다더군요. 스탁 스스로도 자신의 디자인은 디자인 개념이 없는 비非디자인nondesign이라고 했다는데."
"비디자인? 세계 최고의 디자이너가 자기 디자인을 비디자인이라고 말했다고?"

이대리가 책을 펼쳤다.

"스탁이 안경디자이너 알랭 미클리와 함께 디자인한 바이오디자인 biodesign 안경을 예로 들면서 한 말이 있어요. '이것은 디자인이 아니라 순수 과학기술이다. 사방으로 유연하게 움직이는 안경다리! 우리는 인간의 쇄골에서 모델을 발견하고 그것을 공학 언어로 옮겼다. 바이오디자인은 인간과 물질 사이의 새로운 관계를 찾아내는 데 있다. 나는 기능주의자이지 시인이 아니다.'"

"멋진데."

"자, 그리고 이건 디자이너가 직접 쓴 책입니다."

"《이노베이터》라…… 김영세?"

"빌 게이츠가 칭찬을 아끼지 않았다는 레인콤의 MP3 '아이리버' 디자인 아시죠? 삼성 애니콜 디자인도 그가 했죠."

"아하!"

멘토북 돋보기

이노베이터
김영세 지음 | 랜덤하우스중앙

누구도 예측하지 못한 기발한 아이디어로 창의적인 성공을 일궈낸 김영세의 자신감이 어디서 나오는지, 그리고 그 자신감을 어떻게 실현시키는지 구체적으로 보여준다. 또한 이노베이터로 거듭나기 위한 방법으로서 가치혁신 프로세스를 제안한다.

"그는 트렌드를 창조하는 자를 '이노베이터innovator'라 부르고, 혁신가를 기업경영의 화두로 제시한 바 있죠."

최과장이 고개를 끄덕이며 책을 넘기다 입을 열었다.

"공상이 아니라 상상을 하라Design is imagination!"

"자신이 추진한 디자인 프로젝트 대부분이 냅킨이나 메모지에 스케치한 아이디어에서 시작되었다고 하더군요. 그가 말하는 상상은 '사람들이 느끼는 욕구를 재빨리 파악하고 머릿속으로 그 해결책을 그려보는 것'이라고 합니다. 그 다음이 '그와 같은 생각을 펜으로 그려내는 것'이고……."

사람들은 이제 제조회사나 브랜드를 보고 제품을 구입하는 게 아니라 디자인을 보고 디자인 때문에 제품을 구매한다. 제조 브랜드보다 디자인 브랜드가 소비자의 구매의사 결정에 더 큰 영향을 미치는 시대가 된 것이다.

최과장이 나지막이 중얼거렸다.

"누구나 보는 것을 보되, 아무도 생각지 못한 생각을 해내야 한다."

"정말 시사하는 바가 많은 말이군요. 평범함에서 기발한 아이디어를 끄집어내라……."

최과장은 이대리의 말에 씨익 웃으면서 말했다.

"이노베이터란 사람이 특별히 놀라운 곳에서 발상을 만들어내는 것이 아니더라고. 소비자의 욕구를 읽고 상상력이 빼어난 제품에 시선이 가는 것이야 특별할 게 있나. 사소한 것에서 특별한 상상을 해내는 건 역시 꾸준하고도 세밀한 관찰이 따라주어야 가능한 일이겠지.”

최과장은 이대리를 바라보면서 생각했다.

'바로 자네 같은 사람이 이노베이터가 될거야.'

그들은 겨우겨우 강변북로를 빠져나가 한적한 도로로 접어들었다. 멀리 호텔이 보였다. 핸들을 꽉 붙잡은 최태호 과장은 있는 힘껏 액셀러레이터를 밟았다.

“다들 어쩐 일이야?”

이대리와 최과장이 호텔 라운지에 도착한 것은 카림 라시드가 막 떠난 직후였다.

“근처에서 미팅이 있는데……, 이런 늦었군요.”

이대리가 이마의 흐르는 땀을 연신 훔쳐내며 넥타이를 고쳐 맸다.

카림 라시드는 미국 뉴욕에서 활동 중인 하이브리드 디자이너로, 이메이션의 제품을 디자인하고 싶다는 메일을 보낸 바 있었다.

“어떤 사람인지 궁금한데요.”

최과장이 물었다. 함께 점심을 먹기로 한 그들은 로비 쪽으로 걸음을 옮겼다.

“일을 놀이처럼 즐기는 사람이랄까?”

점심 때가 지나서인지 식당은 한산했다.

"저도 요즘 디자인에 관심이 많습니다. 무조건 선진국의 방식과 흐름을 따르는 시대는 지났다고 생각합니다. 즉 독창적인 관점에서 시장전략을 수립하고 접근하는 방식으로 가야 하지 않겠습니까?"

이대리가 밑반찬을 집어먹다 입을 열었다.

"21세기 기업을 위한 디자인 키워드는 크게 세 가지로 볼 수 있지."

이대표는 《디자인 혁명》의 내용을 인용했다.

"하나는 시각을 넘어서는, 비시각의 장을 향한 이미지 디자인이야. 제품의 개발과 디자인에 반영되어야 할 소비자의 감성은 소비자의 심리적 측면에서 생성되는 감성과 디자인의 특성에서 얻어지는 감성으로 나눌 수 있다고. 그리고 또 다른 하나는 단순한 아이디어를 넘어 상상의 장으로 진입할 수 있게 하는 테마 디자인이야. 예를 들면 미래의 라이프 트렌드 개발이나 미래상품 시나리오 개발, 미래기술, 문화개발 등과 같은 것들이지. 시장을 넘어 사회의 장으로 갈 수 있는 휴먼 디자인……."

멘토북 돋보기

디자인 혁명
조동성 지음 | 한스미디어

디자인은 국가경쟁력을 높이는 중요한 수단이자 기업의 유용한 마케팅 수단이다. 디자인은 경영자들이 반드시 알아야 할 필수 교양이며 성공적인 디자인 경영은 각 기업의 특성과 환경에 맞도록 새롭게 해석, 활용하는 것이라는 점을 강조한다.

이대리가 고개를 끄덕였다.

"마지막 키워드는 표현을 넘어 가치 창출을 주도하는 소프트 디자인이야. 하드 파워가 아닌 소프트 파워가 지배하는 시대에서 살아남기 위한 전략이랄까? 새로운 경영자원으로 떠오른 디자인을 경쟁력의 원천이라고 볼 때, 한국에서 성공한 디자인들의 경우 124배 매출 효과가 있다고 하지."

"124배라구요?"

최과장이 입을 쫙 벌렸다.

"디자인이야말로 기업의 핵심 역량이네. 기업 가치를 극대화하는 혁신의 방법론이자 고객이 요구하는 제품과 서비스를 창출해 주는 주요 수단이기도 하고."

그들은 식당 앞에서 인사를 나누고 각자 스케줄에 따라 다음 장소로 이동했다. 햇살이 따사로운 오후였다. 혼자 남은 이신우는 걸음을 멈추고 손차양을 했다. 그러고는 눈부시게 빛나는 태양을 잠시 응시했다.

'일을 놀이처럼 즐기는 사람이라……'

직장인들은 그 어떤 활동보다 직장에서 일하며 보내는 시간이 많다. 그러나 삶의 의미와 재미를 일에서 찾는 사람은 드물다. 실제로 최근까지만 해도 '재미는 일이 끝난 뒤에 존재해야 한다'고 생각한다든가, '재미는 어리석고 전문가답지 않다' 또는 '직장에서 재미는 금기 사항이다'라고 여겨왔다. 하지만 세상이 변하면서, 이런 전통적인 직업관 역시 크게 변했다. 지금의 인재들은 직장을 선택할 때 단지 연봉이나 회사의 이름만 고려하는 것이 아니다. 자신이 몸 담을 직장의 분위기 역시 중요한 요소로 생각한다.

책 읽는 것이 즐겁습니다

일을 마치고 회사로 돌아온 이신우는 창조룸에 들러 수백 번도 더 관찰한 회사의 제품들을 한 가지씩 찬찬히 뜯어보았다.

"이신우 과장. 여기 있을 줄 알았네."

이장우 대표였다.

"예?"

"이런 걸 미리 밝히는 건 곤란하지만 이미 과장으로 내정되었으니 상관없겠지."

"갑자기 무슨……"

"어리버리 신입일 때가 엊그제 같은데 벌써 과장님이라니. 감회가 새로워. 하하!"

이대리는 기쁨을 감추지 못한 채 미소를 흘렸다. 지난 일들이 주마등처럼 스쳐갔다. 심장이 두근거렸다.

"요즘 고민은 뭔가?"

이대표는 이신우가 보고 있던 제품을 내려다보았다.

"어떻게 하면 재미의 효과가 발휘되는 회사, 기쁨이 넘치는 회사를 만들 수 있을까? 어떻게 하면 질 좋은 제품과 서비스를 제공할 뿐 아니라, 대내외적 관계를 잘 쌓아가면서 재미있는 회사라는 명성을 얻게 될까? 어떻게 하면 즐겁게 일할 수 있을까? 뭐 이런 것들입니다. 지금 하고 있는 일이 재미없다는 게 아니라……."

"알고 있네. 나도 항상 그런 생각을 하니까 말일세. 머리만 좋은 자는 노력하는 자를 이길 수 없고, 노력만 하는 자는 즐기는 자를 따라잡을 수 없다는 말이 있잖은가. 놀 때도 일할 때처럼 진지하게, 일할 때는 놀 때처럼 재미나게. 어떻게 생각해?"

"펀 워크?"

"《펀 워크Fun Work》읽어 봤나?"

"아직……."

"사우스웨스트 항공 알지? 펀Fun 경영의 선두주자로 불리는 사우

멘토북 돋보기

펀 워크 Fun Works
레슬리 여키스 지음 | 이혜경 옮김 | 푸른숲

업무에 재미를 결합하는 방법을 가르쳐주는 조직·인력 관리서이자 적극적인 삶을 살도록 도와주는 자기계발서다. 즐겁게 일하는 회사가 훌륭한 업무 실적을 올린다는 생생한 증거를 제공한다. 이 같은 회사들이 실천하고 있는 11가지 펀 경영원칙을 소개한다.

스웨스트 항공의 인재발굴과 채용 기준이 뭔지 아는가? 바로 '재미'
야. 그들은 탑승 순간부터 착륙 때까지 기발한 유머와 위트로 승객들
을 유쾌하게 만들어준다네. 그것을 '사우스웨스트 매너'라 부르기도
하지."

두 사람의 발걸음은 창조룸을 지나치고 있었다.

"많은 이들이 '독서=공부'라고 생각하잖아. 그러니까 책표지만
봐도 골치가 아파지는 거야. 하지만 정말로 그러한가? '독서=놀이'
라고 생각하면? 어때? 세 마리 토끼를 잡을 수 있잖은가! '재미'는 말
할 것도 없고, '지식'과 '지혜'라는 산물까지 말일세. 비즈니스도 마찬
가지야. '비즈니스=놀이'라고 생각해 봐. '재미'는 물론 '돈'과 '성
취감과 미래'라는 산물까지 줄줄이 따라오지 않겠는가? 최근 대기업
들이 잇따라 도입하고 있는 펀 경영원리도 결국은 같은 이치야. '성과
제일주의'에서 탈피해 자발적인 에너지로 업무를 주도하자는 얘기지.
그래야 좀더 큰 성과를 얻을 수 있다네."

"그래도 사람이 하고 싶은 일만 하고 살 수는 없지 않습니까? 억지
로 해야 하는 일도 많을 텐데요."

"연평균 500만 끼의 식사와 특별 행사를 제공하는 하버드 대학 급
식사업부 직원들은 그 규모나 명성에서 최고를 자랑한다네. 이들은
2000명 이상의 학생이 한꺼번에 식사를 할지라도 그 순간만큼은 그들
이 '가장 즐거운 시간'을 보내도록 세심하고도 치밀하게 준비한다고
해. 예를 들어, 조리장은 사회 진출을 앞둔 졸업반 학생들에게 요리

레슨 강좌를 개설해 폭발적인 인기를 모았지. 음료수 자판기에 자기가 좋아하는 오렌지 소다 품목이 없다고 푸념한 학생을 위해 그 음료수 두 상자를 학생 방으로 보내고, 뛸 듯이 기뻐하는 학생의 모습을 보면서 고객 서비스의 진짜 재미를 재확인했다는 일화도 있어."

이장우 대표가 이신우 대리의 어깨에 손을 얹었다.

"돌아가면 그 책 한번 읽어보게. 많은 도움이 될 거야."

"네."

"그런데 자네, 책은 왜 그리 많이 읽는 거지?"

"예?"

"난 자네가 신입사원일 때부터 계속 지켜봐왔어. 물론 회사에 책 읽는 분위기가 잘 되어 있기는 해도, 자네는 눈에 띌 정도로 많은 책을 읽어왔지. 그걸 경영이나 회사 아이디어로 적용하고자 노력하는 것도 잘 알고 있네. 그래서 이제 과장이 된 자네에게 묻고 싶네. 책을 왜 읽는 건가?"

이신우는 잠깐 고개를 숙였다가 다시 이대표를 똑바로 바라봤다. 갑작스러운 질문에 좀 당황했지만 평소 자신도 생각하고 있던 일이었다.

"처음에는 사장님의 독서습관을 본받고 싶었습니다. 하지만 책을 읽고 그걸 회사에 적용하고자 고민하면서 문득 제 스스로가 발전하는 모습을 느꼈습니다. 많은 이메이션 식구들도 마찬가지일겁니다. 하지만 역시 가장 큰 이유는 책 읽는 즐거움 때문이죠."

"독서가 즐겁다?"

"네. 책 속에는 항상 길이 있었고, 전 단지 그 길을 따라가기만 하면 되니까요."

"싱겁구먼, 이 친구."

누구나 할 수 있는 얘기지만 실제로 책 속에서 길을 찾는 사람은 드물다. 그 이유는 구체적으로 손에 잡히지 않는, 다시 말해 곧바로 그 결과가 눈앞에 펼쳐지지 않는 막연한 일이기 때문이다. 그러나 이신우 대리는 정말로 책 속에 길이 있음을 온몸으로 체험했다. 그것은 분명 많은 것을 변화시켰고, 또 회사를 성장시켰다. 모든 걸 성과가 말해 주고 있었다. 사무실로 돌아온 이대리는 동료들의 축하 속에 다시 한번 이장우 대표의 모습을 떠올리며 주먹을 불끈 쥐었다. 그리고 마음속으로 파이팅을 외쳤다.

이메이션코리아는 이제 연 매출액 300억 원을 목표로 삼고 있다.

이메이션코리아에서 디자인 개발한 제품들. 우리나라에서는 더 이상 외국 디자인이 통하지 않을 만큼 디자인에 대한 고객의 안목이 높아졌다. 아시아권 다른 나라보다 매출도 크고 가격도 예민하다. 이러한 한국 시장에서 살아남기 위해 이메이션코리아는 직접 제품을 디자인, 개발한다.

독서경영자
이장우의 추천도서
355권

경제 · 경영

- **미래경영** | 피터 드러커 지음 | 이재규 옮김 | 청림출판
- **21세기 지식경영** Management Challenges for the 21st C. | 피터 드러커 지음 | 이재규 옮김 | 한국경제신문사
- **펀 워크** Fun Work | 레슬리 여키스 지음 | 이혜경 옮김 | 푸른숲
- **캐즘 마케팅** Crossing the Chasm | 제프리 무어 지음 | 유승삼 외 옮김 | 세종서적
- **부의 미래** | 앨빈 토플러 하이디 토플러 지음 | 김중웅 옮김 | 청림출판
- **관심의 경제학** Attention Economy | 토머스 데이븐포트 존 벡 지음 | 김병조 옮김 | 21세기북스
- **NEXT SOCIETY** | 피터 드러커 지음 | 이재규 옮김 | 한국경제신문사
- **초우량 기업의 조건** | 톰 피터스 로버트 워터맨 지음 | 이동현 옮김 | 더난출판사
- **죽은 경제학자의 살아있는 아이디어** | 토드 부크홀츠 지음 | 이승환 옮김 | 김영사
- **빌게이츠 @ 생각의 속도** | 빌 게이츠 지음 | 안진환 옮김 | 청림출판
- **손정의 21세기 경영전략** | 이시카와 요시미 지음 | 소담출판사
- **펄떡이는 물고기처럼** | 해리 폴 외 지음 | 유영만 옮김 | 한언
- **위대한 전략가의 조건** | 윌리엄 더건 지음 | 박희라 옮김 | 전자신문사
- **카네기 델리 뉴욕의 전설이 되다** | 밀턴 파커 앨린 프리먼 지음 | 김광수 옮김 | 시대의창
- **FAST SECOND** | 신시장을 지배하는 재빠른 2등 전략 | 콘스탄티노스 마르키데스 폴 게로스키 지음 | 김재문 옮김 | 리더스북
- **검색으로 세상을 바꾼 구글 스토리** | 존 바텔 지음 | 이진원 신윤조 옮김 | 랜덤하우스중앙
- **혼다 디자인 경영** | 이와쿠라 신야 외 지음 | 박미옥 옮김 | 휴먼앤북스

229

● **미래 기업의 조건** | 클레이튼 크리스텐슨 외 지음 | 이진원 옮김 | 비즈니스북스

● **자기혁신 i디어 The Circle of Innovation** | 톰 피터스 지음 | 이진 옮김 | 한국경제신문사

● **원칙 중심의 리더십** | 스티븐 코비 지음 | 김경섭 옮김 | 김영사

● **대한민국 생존의 속도** | 최용식 지음 | 리더스북

● **블루오션 전략** | 김위찬 르네 마보안 지음 | 강혜구 옮김 | 교보문고

● **미래를 읽는 기술** | 피터 슈워츠 지음 | 박슬라 옮김 | 비즈니스북스

● **경쟁의 미래** | C. K. 프라할라드 외 지음 | 김성수 옮김 | 세종서적

● **빌 게이츠 & 워렌 버핏 성공을 말하다** | 빌 게이츠 외 지음 | 김광수 옮김 | 월북

● **서비스의 달인** | 윌리엄 폴라드 지음 | 김성웅 옮김 | 낮은울타리

● **현실을 직시하라** | 래리 보시디 램 차란 지음 | 정성묵 옮김 | 21세기북스

● **가르시아 장군에게 보내는 메시지** | 엘버트 허바드 지음 | 한기찬 옮김 | 경영정신

● **피도 눈물도 없이 경영하라** | 조지 스토크 외 지음 | 김원호 옮김 | 북앳북스

● **디자인과 브랜드 그리고 경쟁력** | 정경원 지음 | 웅진북스

● **아젠다** | 마이클 해머 지음 | 김이숙 옮김 | 한국경제신문사

● **스타일의 전략** | 버지니아 포스트렐 지음 | 신길수 옮김 | 을유문화사

● **나는 이기는 게임만 한다** | 이수영 지음 | 랜덤하우스중앙

● **장미보다 사랑을 팔아라** | 신강균 편역 | 컴온북스

● **잭 트라우트 비즈니스 전략 Jack Trout on Strategy** | 잭 트라우트 지음 | 이수정 옮김 | 청림출판

● **브랜드 창조의 법칙 The Origin of Brands** | 앨 리스 로라 리스 지음 | 최광복 옮김 | 넥서스BIZ

● **디자인과 마케팅** | 이문규 외 지음 | 형설출판사

● **문화예술기관의 마케팅** | 보니타 M. 콜브 지음 | 이보아 · 안성아 옮김 | 김영사

● **내 삶은 무대 뒤에서 이루어졌다** | 이종덕 지음 | 어떤이의꿈

● **마이클 조던이 나이키를 살렸다** | 허무원 지음 | 살림

● **회사의 운명을 바꾸는 역발상 마케팅** | 여준상 지음 | 원앤원북스

● **스스로를 공격하라** | 이광현 지음 | 한국능률협회

● **전략의 기술** | 파사 보즈 지음 | 박승범 옮김 | 매일경제신문사

- **영혼이 있는 기업** | 데이비드 뱃스톤 지음 | 신철호 옮김 | 거름
- **상품의 역사** | 리사 자딘 지음 | 이선근 옮김 | 영림카디널
- **캘빈 클라인 : 브랜드 디자인 광고의 유혹** | 리사 마시 지음 | 박미영 옮김 | 루비박스
- **잭 아저씨네 작은 커피집** | 레슬리 여키스 · 찰스 데커 지음 | 임희근 옮김 | 김영사
- **잘 되는 회사는 분명 따로 있다** | 김경준 지음 | 원앤원북스
- **인듀어런스** | 캐롤라인 알렉산더 지음 | 김세중 옮김 | 뜨인돌출판사
- **On & Off** | 이데이 노부유키 지음 | 정유선 옮김 | 청림출판
- **열정 컴퍼니** | 존 R. 카첸바흐 지음 | 이상욱 옮김 | 세종서적
- **BRAND MASTERS** | 낸시 F. 코엔 지음 | 세종서적
- **예술과 경영** | 유민영 지음 | 태학사
- **세계 축제경영** | 김춘식 외 지음 | 김영사
- **성공기술 변화의 방법 포르셰** | 슈테파니 빈터 지음 | 박규호 옮김 | 룩스북
- **나는 내 꿈에 뒤진 적이 없다** | 베르나르 아르노 외 지음 | 성귀수 옮김 | 수수꽃다리
- **탁월한 조직이 빠지기 쉬운 5가지 함정** | 패트릭 렌시오니 지음 | 서진영 옮김 | 위즈덤하우스
- **레인 메이커** | 제프리 J. 폭스 지음 | 최영철 옮김 | 더난출판사
- **설득의 법칙** | 로저 도슨 지음 | 박정숙 옮김 | 비즈니스북스
- **유도전략** | 데이비드 요피 외 지음 | 김광수 옮김 | 모라비안바젤
- **컬러 리더십** | 신완선 지음 | 더난출판사
- **데이비드 아커의 브랜드 경영** | 데이비드 아커 지음 | 이상민 옮김 | 비즈니스북스
- **드림 소사이어티** | 롤프 옌센 지음 | 서정환 옮김 | 한국능률협회
- **예술경영** | 김주호 외 지음 | 김영사
- **BUILDERS & DREAMERS** | 모겐 위첼 지음 | 김은령 옮김 | 에코리브르
- **제5경영** | 피터 센게 지음 | 안중호 옮김 | 세종서적
- **지식의 지배** | 레스터 서로우 지음 | 한기찬 옮김 | 생각의나무
- **2020년 기업의 운명** | 패트리셔 무디 외 지음 | 이재규 옮김 | 사과나무
- **12억짜리 냅킨 한장** | 김영세 지음 | 중앙M&B

- **4세대 혁신** | 윌리엄 밀러 · 랭돈 모리스 지음 | 손욱 옮김 | 모색
- **단순함의 원리** | 잭 트라우트 외 지음 | 김유경 옮김 | 21세기북스
- **경영학의 진리체계** | 윤석철 지음 | 경문사
- **다이렉트 경영** Direct from Dell | 마이클 델 지음 | 김중찬 옮김 | 동방미디어
- **이베이의 거대한 실험** | 베이비드 번넬 · 리처드 A. 뤼커 지음 | 황윤성 옮김 | 영언문화사
- **모방전략** | 스티브 슈나즈 지음 | 손근상 옮김 | 사민서각
- **킬러 애플리케이션** Unleashing the Killer App | 래리 다운즈 외 지음 | 이기문 옮김 | 국일증권 경제연구소
- **핵심에 집중하라** Profit from Core | 크리스 주크 지음 | 이근 외 옮김 | 청림출판
- **경영의 세기** | 스튜어트 크레이너 지음 | 박희라 옮김 | 더난출판사
- **유쾌한 이노베이션** The Art of Innovation | 톰 켈리 · 조너던 리틀맨 지음 | 이종인 옮김 | 세종서적
- **디지털 캐피털** Digital Capital | 돈 탭스콧 외 지음 | 유한수 옮김 | 물푸레
- **꿀벌과 게릴라** Leading The Revolution | 게리 해멀 지음 | 이동현 옮김 | 세종서적
- **세상을 바꾸는 사람들의 성공 법칙** Rules For Revolutionaries | 규 가와사키 지음 | 박용철 옮김 | 모색
- **노키아 스토리** | 이재규 지음 | 21세기북스
- **신사고 이론 20** | 이면우 지음 | 삶과꿈
- **월가의 황제 블룸버그 스토리** | 마이클 블룸버그 지음 | 장용성 외 옮김 | 매일경제신문사
- **스타벅스, 커피 한잔에 담긴 성공신화** Pour Your Heart into it | 하워드 슐츠 지음 | 홍순명 옮김 | 김영사
- **아마존의 성공비밀** Business the amazon.com Way | 레베카 손더스 지음 | 세스컴전략기획팀 옮김 | 리드북
- **경제학의 향연** Peddling Prosperity | 폴 크루그먼 지음 | 오승훈 옮김 | 부키
- **디지털 다윈이즘** | 에번 I. 슈워츠 지음 | 형선호 옮김 | 세종서적
- **경제사 오디세이** | 최영순 지음 | 부키
- **추락에서 도약으로 시스템 요법** | 지만원 지음 | 석필

● **튀지 말고 차별화하라**Differentiate or Die | 잭 트라우트 외 지음 | 이정은 옮김 | 더난출판사

자기계발 · 아이디어

자기계발

- **결정적 아이디어 101** | 제임스 히긴스 지음 | 박수규 옮김 | 비즈니스북스
- **슬럼프 아웃** | 사이토 시게타 지음 | 신현호 옮김 | 길벗
- **단순하게 생각하라** | 가바타 요시유키 지음 | 이인애 옮김 | 비즈니스북스
- **창조적 습관**The Creative Habit | 트와일라 타프 지음 | 노진선 옮김 | 문예출판사
- **칭찬은 고래도 춤추게 한다** | 켄 블랜차드 지음 | 조천제 옮김 | 21세기북스
- **부자열전** | 이수광 지음 | 흐름출판
- **바보들은 항상 남의 탓만 한다** | 존 G. 밀러 지음 | 송경근 옮김 | 한언
- **먼데이 모닝 리더십 8일간의 기적** | 데이비드 코트렐 지음 | 송경근 옮김 | 한언
- **아티스트 웨이** | 줄리아 카메론 지음 | 임지호 옮김 | 경당
- **헌책방마을 헤이온와이** | 리처드 부스 지음 | 이은선 옮김 | 씨앗을뿌리는사람
- **몰입의 즐거움** | 미하이 칙센트미하이 지음 | 이희재 옮김 | 해냄출판사
- **적게 일하고 많이 놀아라** | 어니 J. 젤린스키 지음 | 황숙경 옮김 | 물푸레
- **아침형 인간** | 사이쇼 히로시 지음 | 최현숙 옮김 | 한스미디어
- **씽킹 플레이어**Thinking Player | 잭 포스터 지음 | 정상수 옮김 | 해냄출판사
- **사명 돈 의미** | 스테반 아터번 지음 | 김성웅 옮김 | 낮은울타리
- **내가 하는 일을 떠들어라 기억시켜라** | 데비 앨런 외 지음 | 이양준 옮김 | 글담
- **크게 생각할수록 크게 이룬다** | 데이비드 슈워츠 지음 | 서민수 옮김 | 나라
- **생각의 혁명**Creative Thinking | 로저 본 외흐 지음 | 정주연 옮김 | 에코리브르
- **감성바이러스를 퍼뜨려라** | 정진홍 지음 | 위즈덤하우스
- **커피 한 잔의 명상으로 10억을 번 사람들** | 오시마 준이치 지음 | 박운용 옮김 | 나라원
- **레오나르도 다빈치처럼 생각하기** | 마이클 겔브 지음 | 공경희 옮김 | 대산출판사
- **2시간만에 읽는 손자병법** | 고래모토 노부요시 지음 | 김수진 옮김 | 아세아미디어
- **내 이름은 브랜드다**The brand you 50 | 톰 피터스 지음 | 김연성 외 옮김 | 21세기북스
- **잠자는 아이디어 깨우기**How to get Ideas | 잭 포스터 지음 | 정상수 옮김 | 해냄출판사
- **누가 내 치즈를 옮겼을까** | 스펜서 존슨 지음 | 이영진 옮김 | 진명출판사
- **행복의 철학** | 쇼펜하우어 지음 | 정초일 옮김 | 푸른숲

자전
·
에세이

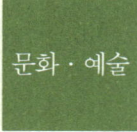

문화 · 예술

문화

- **뮤지컬 스토리** | 이수진 · 조용신 지음 | 숲
- **커피 좋아하세요** | 한승환 지음 | 자유지성사
- **마침표가 아닌 느낌표의 예술** | 박성봉 지음 | 일빛
- **이희수 교수의 지중해 문화기행** | 이희수 지음 | 일빛
- **하이브리드 세상 읽기** | 홍성욱 지음 | 안그라픽스
- **신화는 수메르에서 시작되었다** | 김산해 지음 | 가람기획
- **여행의 역사** | 빈프리트 뢰쉬부르크 지음 | 이민수 옮김 | 효형출판
- **나는 이런 책을 읽어왔다** | 다치바나 다카시 지음 | 이언숙 옮김 | 청어람미디어
- **감정의 도서관** | 니콜라스 험프리 지음 | 김은정 옮김 | 이제이북스
- **다섯 줌의 쌀** | 최성현 편 | 나무심는사람
- **영국 바꾸지 않아도 행복한 나라** | 이식 · 전은경 지음 | 리수
- **슬픈 아일랜드** | 박지향 지음 | 새물결
- **신화 속으로 떠나는 언어 여행** | 아이작 아시모프 지음 | 김대웅 옮김 | 웅진출판

예술

- **건축물에는 건축이 없다** | 양용기 지음 | 평단문화사
- **비키니 입은 현대미술** | 낸시랭 지음 | 랜덤하우스중앙
- **어머니 품을 설계한 건축가 가우디** | 하이스 반 헨스베르헌 지음 | 양성혜 옮김 | 현암사
- **화가처럼 생각하기** | 김재준 지음 | 아트북스
- **동서도자교류사** | 미스기 다카토시 지음 | 김인규 옮김 | 눌와
- **큐레이터는 세상을 어떻게 움직이는가?** | 캐롤리 테아 지음 | 김현진 옮김 | 아트북스
- **스위스 디자인 여행** | 박우혁 지음 | 안그라픽스
- **미술 공간 도시** | 맬컴 마일스 지음 | 박삼철 옮김 | 학고재
- **디자인을 넘어선 디자인** | 얀 반 토른 외 지음 | 윤원화 외 옮김 | 시공사
- **미술특강** | 이승건 지음 | 미술문화
- **비주얼 컬처** | 존 A. 워커 · 사라 채플린 지음 | 임산 옮김 | 루비박스

239

- **영화 이해의 길잡이** | 정재형 지음 | 개마고원
- **영화의 분석** | 베르너 파울스티히 지음 | 이상일 옮김 | 미진사
- **디자이너처럼 생각하라** | 경노훈 지음 | 이손
- **나는, 디자인이다** | 홍승표 지음 | 다빈치
- **뉴욕 미술의 발견** | 정윤아 지음 | 아트북스
- **영화의 유혹** | 존 노튼 외 지음 | 이지선 옮김 | 예담
- **연기학 개론** | 손영국 지음 | 청어
- **클래식 오딧세이** | 진회숙 지음 | 청아출판사
- **연극의 경험** | J. L. 스타이안 지음 | 장혜전 옮김 | 소명
- **연극 이해의 길** | 밀리 배린저 지음 | 이재명 옮김 | 평민사
- **문화예술경영 이론과 실제** | 박신의 외 지음 | 생각의나무
- **청소년을 위한 서양음악사** | 이동활 지음 | 두리미디어
- **아이 러브 뮤지컬** | 김기철 지음 | 효형출판
- **비바 오페라** | 박홍규 지음 | 가산출판사
- **베네치아에서 비발디를 추억하며** | 정태남 지음 | 한길사
- **문화예술과 도시경제** | 이흥재 편 | 문자향
- **잃어버린 시간을 찾아서** | 훌턴 게티 지음 | 연진희 옮김 | 아트나우
- **즐거워리 발레** | 국립발레단 지음 | 범조사
- **불멸의 춤, 불멸의 사랑** | 제환정 지음 | 김영사
- **다락방의 베토벤** | 함신익 지음 | 김영사
- **뮤지컬** | 스티븐 시트론 지음 | 정재왈 외 옮김 | 열린책들
- **문화경제학 만나기** | 한국문화경제학회 지음 | 김영사
- **모차르트**(혁명의 서곡) | 폴 맥가 지음 | 정병선 옮김 | 책갈피
- **파퓰러 음악이론** | 유키타가와 편 | 삼호출판사
- **클래식 길라잡이** | 신동현 지음 | 서울미디어
- **구조와 역사로 본 음악** | 송진범 지음 | 작은우리

- **미학 오디세이 1** | 진중권 지음 | 휴머니스트
- **도발 : 아방가르드의 문화사, 몽마르트에서 사이버 컬처까지** | 마크 애론슨 지음 | 장석봉 옮김 | 이후
- **예술과 과학** | 앨리안 스트로스베르 지음 | 김승윤 옮김 | 을유문화사
- **청소년을 위한 서양미술사** | 박갑영 지음 | 두리미디어
- **김석철의 20세기 건축 산책** | 김석철 지음 | 생각의나무

인문 · 교양 · 역사

인문

- **길 위에서 듣는 그리스 로마 신화** | 이윤기 지음 | 작가정신
- **3일만에 읽는 심리학** | 오오무라 마사오 지음 | 박선무 고선윤 옮김 | 서울문화사
- **이윤기, 그리스에 길을 묻다** | 이윤기 지음 | 해냄출판사
- **세상을 바꾼 문자, 알파벳** | 존 맨 지음 | 남경태 옮김 | 예지
- **기호학** | 폴 코블리 지음 | 조성택 · 변진경 옮김 | 김영사
- **즐거운 일상을 만드는 심리 실험 이야기** | 시부야 쇼조 지음 | 이규원 옮김 | 일빛
- **사라져 가는 목소리들** | 다니엘 네틀 수잔 로메인 지음 | 김정화 옮김 | 이제이북스
- **러시아 : 상상할 수 없었던 아름다움과 예술의 나라** | 한남수 · 한종만 · 이길주 지음 | 리수
- **문화는 흐른다 : 지도로 읽는 문화 교류의 세계사** | 피터 N. 스턴스 지음 | 문명식 옮김 | 궁리

교양

- **세상은 한 권의 책이었다** | 소피 카사뉴 브루케 지음 | 최애리 옮김 | 마티
- **통계상식 백가지** | 김진호 지음 | 현암사

정치 · 사회

정치

- **거대한 체스판** | Z. 브레진스키 지음 | 김명섭 옮김 | 삼인
- **마키아벨리 어록** | 시오니 나나미 지음 | 오정환 옮김 | 한길사
- **VOTE.COM** | 딕 모리스 지음 | 이형진 외 옮김 | 아르케
- **e폴리틱스 E-POLITICS.COM** | 유민호 외 지음 | 더불어숲
- **대통령선거 마케팅** | 브루스 뉴먼 지음 | 김충현 외 옮김 | 나남
- **러시아 적인가 친구인가** | 서상덕 지음 | 대산출판사
- **청와대가 보인다 대통령이 보인다** | 전성철 지음 | 조선일보사
- **한일연방국** | 이용재 지음 | 징검다리

사회

- **촘스키, 누가 무엇으로 세상을 지배하는가** | 드니 로베르 지음 | 강주헌 옮김 | 시대의창
- **대한민국 뉴 리더, 2029트렌드** | 주용중 탁상훈 외 지음 | 해냄
- **통계라는 이름의 거짓말** | 조엘 베스트 지음 | 노혜숙 옮김 | 무우수
- **영어를 공용어로 삼자** | 복거일 지음 | 삼성경제연구소
- **좌우는 있어도 위 아래는 없다** | 박노자 지음 | 한겨레신문사
- **부유한 노예** | 로버트 라이시 지음 | 오성호 옮김 | 김영사
- **21세기 사전** | 자크 아탈리 지음 | 편혜원 외 옮김 | 중앙M&B
- **문명의 충돌** | 새무얼 헌팅턴 지음 | 이희재 옮김 | 김영사
- **디지털이다** | 니콜라스 네그로폰테 지음 | 백욱인 옮김 | 커뮤니케이션북스

KI신서 938
1인당 책값 100만원
독서가 행복한 회사

지은이 | 고두현

1판 1쇄 인쇄 | 2006. 12. 11
1판 1쇄 발행 | 2006. 12. 20

펴낸곳 | (주)북이십일_21세기북스
펴낸이 | 김영곤

책임편집 | 김지홍
기획편집 | 우소영 심지혜
영업마케팅 | 정성진 이종률 최창규 주현욱 한경일 김용환 정민영
스토리텔링디렉터 | 강지석
교정교열 | 김형석
본문디자인 | 성인기획
표지디자인 | 최우석
본문사진 | 곽여선

등록번호 | 제10-1965호
등록일자 | 2000. 5. 6.

주소 | 경기도 파주시 교하읍 문발리 파주출판문화정보산업단지 518-3 (413-756)
전화 | 031-955-2100(대표), 031-955-2141(기획편집)
팩스 | 031-955-2122
e-mail | book21@book21.co.kr
홈페이지 | http://www.book21.co.kr

값 12,000원
ISBN 89-509-1005-5 13320